CB129220

MC 4894

EDUCAÇÃO DE JOVENS E ADULTOS

teoria, prática e proposta

Obra em conformidade ao NOVO ACORDO da Língua Portuguesa

CÓPIA NÃO AUTORIZADA É CRIME
ABDR
ASSOCIAÇÃO BRASILEIRA DE DIREITOS REPROGRÁFICOS
RESPEITE O DIREITO AUTORAL
EDITORA AFILIADA

Dados Internacionais de Catalogação na Publicação (CIP)
(Câmara Brasileira do Livro, SP, Brasil)

Educação de jovens e adultos : teoria, prática e proposta / Moacir Gadotti, José E. Romão (orgs.). — 12. ed. — São Paulo : Cortez, 2011.

Bibliografia.
ISBN 978-85-249-1712-7

1. Alfabetização 2. Alfabetização (Educação de adultos) 3. Educação 4. Educação de adultos 5. Educação e Estado 6. Política e educação 7. Professores - Formação profissional I. Gadotti, Moacir, 1941-. II. Romão, José Eustáquio.

11-02627 CDD-379

Índices para catálogo sistemático:

1. Educação de jovens e adultos : Política educacional 379

Moacir Gadotti • José E. Romão (Orgs.)

EDUCAÇÃO DE JOVENS E ADULTOS

teoria, prática e proposta

12ª edição
3ª reimpressão

CORTEZ EDITORA

EDUCAÇÃO DE JOVENS E ADULTOS: teoria, prática e proposta
Moacir Gadotti e José E. Romão (Orgs.)

Capa: Ricardo Cesar de Andrade
Revisão: Cibele Cesario
Composição: Linea Editora Ltda.
Coordenação editorial: Danilo A. Q. Morales

Nenhuma parte desta obra pode ser reproduzida ou duplicada sem autorização expressa dos autores e do editor.

© by Autores

Direitos para esta edição
CORTEZ EDITORA
Rua Monte Alegre, 1074 – Perdizes
05014-001 – São Paulo – SP
Tel.: (11) 3864-0111 Fax: (11) 3864-4290
E-mail: cortez@cortezeditora.com.br
www.cortezeditora.com.br

Impresso no Brasil – agosto de 2013

"Quero me alfabetizar porque estou cansada de viver na sombra."

Alfabetizanda, MOVA-SP, São Paulo, 1990

"Agora eu sei que sou um homem com cultura,
porque trabalho e, trabalhando, transformo o mundo."

De um camponês chileno

Sumário

SEGUNDA PARTE
Formação do educador

TERCEIRA PARTE
Experiências práticas

QUARTA PARTE
Reflexão coletiva

Apresentação

Quando pensamos em escrever esta apresentação, lembramos imediatamente um prefácio escrito por um alfabetizando — Antônio Cícero de Sousa, ou simplesmente "Ciço", lavrador de sítio na estrada entre Andradas e Caldas, no sul de Minas Gerais — no livro *A questão política da educação popular* de Carlos Rodrigues Brandão. Nele Ciço afirma: "Agora, o senhor chega e pergunta: 'Ciço, o que que é educação? O que que eu penso, eu digo. Então veja, o senhor fala: 'Educação'; daí eu falo: 'educação'. A palavra é a mesma, não é? Mas, é do mesmo que a gente fala quando diz essa palavra?' Aí eu digo: 'Não'. [...] Educação... quando o senhor chega e diz 'educação', vem do seu mundo, o mesmo, um outro. Quando eu sou quem fala vem dum outro lugar, de um outro mundo [...] A educação que chega pro senhor é a sua, da sua gente, é pros usos do seu mundo. Agora, a minha educação é a sua. Ela tem o saber de sua gente e ela serve para que mundo? A professora da escola dos seus meninos pode até ser uma vizinha sua, uma parente, até uma irmã, não pode? Agora, e a dos meus meninos? [...] Não é uma escola; não tem um professor assim na frente, com o nome 'professor'. Não tem... Você vai juntando, vai juntando e no fim dá o saber do roceiro [...] Quem vai chamar isso aí de uma educação? Um tipo dum ensino esparramado, coisa de sertão. Mas tem, não tem?"

Nas palavras de Cícero encontramos muitas das razões que justificam a nossa preocupação em publicar este livro. Uma preocupação fundamentada na importância de se refletir sobre um fazer educativo que atenda às necessidades dos educadores que trabalham com jovens e adultos. Um fazer educativo pensado, preparado e realizado sempre "respeitando os sonhos, as frustrações, as dúvidas, os medos, os desejos dos educandos", como diz Paulo Freire. Um fazer educativo que dê respostas às dúvidas de Cícero, dúvidas que não são só dele, mas dos Severinos, dos Joões, das Marias e de todos que com eles se comprometem: "A educação que chega pro senhor é a sua, da sua gente, é pros usos do seu mundo. [...] É por isso que eu lhe digo que a sua é a sua e a minha é a sua. Só que a sua lhe fez. E a minha? [...] Agora, nisso tudo tem uma educação dentro, não tem? [...] Quem vai chamar isso aí de uma educação? Um tipo de ensino esparramado, coisa de sertão. Mas tem, não tem? Mas pra esses meninos, quem sabe o que espera? [...] E, me diga, quem é quem na cidade sem um saberzinho de estudo? Se bem que a gente fica pensando: O que é que a escola ensina, Meu Deus? Aí o senhor diz que isso bem que podia ser feito tudo junto: gente daqui, de lá, professor, peão, tudo. Daí eu pergunto: Pode? Pode ser de um jeito assim? Pra quê? Pra quem?"

Muitas dessas perguntas e dúvidas de Cícero já foram e continuam sendo objeto de reflexão dos que estão comprometidos com a Educação Popular. Este livro é mais uma contribuição.

Reunimos aqui algumas **análises teóricas e prospectivas** que traduzem as discussões tidas no Instituto Paulo Freire sobre a educação de jovens e adultos, dando destaque à questão da **formação do educador**. Após as análises, apresentamos algumas experiências práticas que ilustram os esforços realizados no setor e, sobretudo em nível municipal. Finalmente, na última parte, estão alguns textos que apresentam a **reflexão coletiva** realizada em Fóruns e Congressos pelos educadores que vêm trabalhando com educação de jovens e adultos e no estabelecimento de diretrizes nacionais, elaboradas pelo MEC em parceria com especialistas e representantes de setores organizados da sociedade.

Queremos agradecer ao governo do Estado do Espírito Santo que possibilitou a publicação deste trabalho. Esperamos que ele possa oferecer subsídios para que os educadores de jovens e adultos, as entidades interessadas e os dirigentes das várias esferas de governo, possam, conjunta e interativamente, desenvolver os esforços necessários, no sentido de eliminar o analfabetismo ou, pelo menos, diminuí-lo sensivelmente. Esperamos também que ele possa contribuir para que a educação oferecida aos "Cíceros" considere "o saber de sua gente" e tenha como um dos seus objetivos a superação do mundo de opressão e injustiça em que estão inseridos os grupos populares.

Ângela Antunes
IPF, primavera de 1995

Nota à 2ª edição

Era primavera de 1995 quando publicamos a 1ª edição deste livro. Nas mãos de muitos leitores, ele floresceu. Recebemos inúmeras manifestações positivas em relação à sua publicação. Também foram vários os pedidos de nova edição revista e, se possível, ampliada. Companheiros(as) e instituições que vêm trabalhando nessa área foram nos mandando espontaneamente, ou a nosso pedido, contribuições para ampliação da 2ª edição. Cada uma com sua importância fundamental: experiência de alfabetização em órgãos públicos, como nas penitenciárias de São Paulo e universidades públicas; em movimentos organizados, como o Movimento dos Sem Terra (MST); de iniciativas da sociedade, como alfabetização nos campos de construção civil e nas universidades privadas etc. Foram tantas as sementes e tão belos os frutos, que não caberiam todos na segunda edição. Por isso, nesse outono, tempo de colheita, o IPF optou por criar uma nova série que denominamos "Série Educação de Jovens e Adultos", sob a coordenação do professor José Eustáquio Romão. Nela, o IPF estará publicando as contribuições que vieram das diversas partes do país e nas mais diferentes frentes de atuação na área de EJA.

Quanto a este livro, a partir da segunda edição, o IPF decidiu incluí-lo nesta série, preservando, depois de uma cuidadosa revisão, os textos originais. O *Guia da Escola Cidadã* busca, como podemos ver na ficha técnica, oferecer uma "literatura ágil, sem ser superficial, didática, sem ser maçante, técnica, sem ser árida, e que dê conta do salto da teoria para a prática, num cotidiano que exige respostas rápidas e apropriadas à realidade". Nos volumes anteriores, temos procurado dar possíveis respostas às necessidades do Ensino Fundamental na perspectiva da Escola Cidadã. Para aqueles que nos perguntam sobre como concebemos a Educação de Jovens e Adultos na perspectiva da Escola Cidadã, as respostas poderão ser encontradas neste número.

Na tentativa de dar sua parcela de contribuição à Educação de Jovens e Adultos deste país, o IPF vem atuando em diversas frentes: publicações, formação de professores, participação em eventos, sediando a secretaria da Rede de Apoio à Ação Alfabetizadora do Brasil (RAAAB) etc. Dentre as publicações, além deste volume do Guia da Escola Cidadã e, agora, da criação da série "Educação de Jovens e Adultos", vem editando também os cadernos de EJA (publicação do próprio IPF). Para formação de professores, vem oferecendo cursos de formação inicial e educação continuada na própria sede do IPF ou a pedido de instituições governamentais e não governamentais. Além disso, vem secretariando, desde março de 1999, a RAAAB, cuja atuação tem sido também de fundamental importância para a EJA em nosso país. A RAAAB nasceu em 1986 como uma articulação de centros de educação popular que mantinham convênios com a extinta Fundação Educar. Ganhou visibilidade no Ano Internacional de Alfabetização (1990) e chegou a compor a Comissão Nacional de Educação de Jovens e Adultos até 1997. Atualmente a Rede conta com filiados institucionais e individuais representativos das diversas regiões do Brasil e publica a revista *Alfabetização e Cidadania*. Sua prioridade é articular movimentos sociais, organizações não governamentais, órgãos públicos e universidades envolvidas com a educação de jovens e adultos em um Fórum Nacional. Seja através da RAAAB, dos cursos ou das publicações, o IPF tem buscado cada vez mais comprometer-se com a educação de pessoas jovens e adultas.

Esperamos, caro leitor e cara leitora, com a inclusão deste volume na série Guia da Escola Cidadã, chamar a atenção para a necessidade de também a Educação de Jovens e Adultos ser pensada na perspectiva da Escola Cidadã, que, como Paulo Freire bem define na quarta capa deste livro, é "aquela que se assume como centro de direitos e deveres [...] que viabiliza a cidadania de quem está nela e de quem vem a ela [...] é uma escola coerente com a liberdade, coerente com seu discurso formador, libertador [...] é uma escola de comunidade, de companheirismo", por isso, tanto as crianças, os adolescentes como os jovens e adultos são todos igualmente importantes e merecedores de nossa atenção e cuidados, seja na definição das políticas públicas, na destinação dos recursos, na elaboração do projeto político-pedagógico da escola. A escola que se quer cidadã não entende o exercício da cidadania como privilégio de uma determinada faixa etária ou de educandos de um determinado curso. Como diz Paulo Freire, "é uma escola de comunidade, de companheirismo", por isso, para/com todos(as) educandos(as).

Ângela Antunes
IPF, outono de 2000

PRIMEIRA PARTE

Princípios político-pedagógicos

1

Educação de adultos: algumas reflexões

Paulo Freire

CIDADÃO DO MUNDO

No Brasil e em outras áreas da América Latina, a Educação de Adultos viveu um processo de amadurecimento que veio transformando a compreensão que dela tínhamos poucos anos atrás. A Educação de Adultos é melhor percebida quando a situamos hoje como Educação Popular. Tratemos de comentar esta transformação que, a nosso ver, indica os passos qualitativos da experiência educativa refletida por inúmeras pessoas/grupos latino-americanos.

O conceito de Educação de Adultos vai se movendo na direção do de Educação Popular na medida em que a realidade começa a fazer algumas exigências à sensibilidade e à competência científica dos educadores e das educadoras. Uma destas exigências tem que ver com a compreensão crítica dos educadores do que vem ocorrendo na cotidianidade do meio popular. Não é possível a educadoras e educadores pensar apenas os procedimentos didáticos e os conteúdos a serem ensinados aos grupos populares. Os próprios conteúdos a serem ensinados não podem ser totalmente estranhos àquela cotidianidade. O que acontece, no meio popular, nas periferias das cidades, nos campos

— trabalhadores urbanos e rurais reunindo-se para rezar ou para discutir seus direitos —, nada pode escapar à curiosidade arguta dos educadores envolvidos na prática da Educação Popular.

A Educação de Adultos, virando Educação Popular, tornou-se mais abrangente. Certos programas como alfabetização, educação de base em profissionalização ou em saúde primária são apenas uma parte do trabalho mais amplo que se sugere quando se fala em Educação Popular.

Educadores e grupos populares descobriram que Educação Popular é sobretudo o processo permanente de refletir a militância; refletir, portanto, a sua capacidade de mobilizar em direção a objetivos próprios. A prática educativa, reconhecendo-se como prática política, se recusa a deixar-se aprisionar na estreiteza burocrática de procedimentos escolarizantes. Lidando com o processo de conhecer, a prática educativa é tão interessada em possibilitar o ensino de conteúdos às pessoas quanto em sua conscientização.

Nesse sentido, a Educação Popular, de corte progressista, democrático, superando o que chamei, na *Pedagogia do oprimido*, "educação bancária", tenta o esforço necessário de ter no educando um sujeito cognoscente, que, por isso mesmo, se assume como um sujeito em busca de, e não como a pura incidência da ação do educador.

Dessa forma são tão importantes para a formação dos grupos populares certos conteúdos que o educador lhes deve ensinar, quanto a análise que eles façam de sua realidade concreta. E, ao fazê-lo, devem ir, com a indispensável ajuda do educador, superando o seu saber anterior, de pura experiência feito, por um saber mais crítico, menos ingênuo. O senso comum só se supera a partir dele e não com o desprezo arrogante dos elitistas por ele.

Preocupada seriamente com a leitura crítica do mundo, não importa inclusive que as pessoas não façam ainda a leitura da palavra, a Educação Popular, mesmo sem descuidar a preparação técnico-profissional dos grupos populares, não aceita a posição de neutralidade política com que a ideologia modernizante reconhece ou entende a Educação de Adultos.

Respeitando os sonhos, as frustrações, as dúvidas, os medos, os desejos dos educandos, crianças, jovens ou adultos, os educadores e educadoras populares têm neles um ponto de partida para a sua ação. Insista-se, um ponto de partida e não de chegada.

Crianças e adultos se envolvem em processos educativos de alfabetização com palavras pertencentes à sua experiência existencial, palavras grávidas de mundo. Palavras e temas.

Assim compreendida e posta em prática, a Educação Popular pode ser socialmente percebida como facilitadora da compreensão científica que grupos e movimentos podem e devem ter acerca de suas experiências. Esta é uma das tarefas fundamentais da educação popular de corte progressista, a de inserir os grupos populares no movimento de superação do saber de senso comum pelo conhecimento mais crítico, mais além do "penso que é", em torno do mundo e de si no mundo e com ele. Este movimento de superação do senso comum implica uma diferente compreensão da História. Implica entendê-la e vivê-la, sobretudo vivê-la, como tempo de possibilidade, o que significa a recusa a qualquer explicação determinista, fatalista da História. Nem o fatalismo que entende o futuro como a repetição quase inalterada do presente nem o fatalismo que percebe o futuro como algo pré-dado. Mas o tempo histórico sendo feito por nós e refazendo-nos enquanto fazedores dele. Daí que a Educação Popular, praticando-se num tempo-espaço de possibilidade, por sujeitos conscientes ou virando conscientes disto, não possa prescindir do *sonho*.

É preciso mesmo brigar contra certos discursos pós-modernamente reacionários, com ares triunfantes, que decretam a morte dos sonhos e defendem um pragmatismo oportunista e negador da Utopia.

É possível *vida* sem sonho, mas não *existência humana e História* sem sonho.

A dimensão global da Educação Popular contribui ainda para que a compreensão geral do ser humano em torno de si como ser social seja menos monolítica e mais pluralista, seja menos unidirecionada e mais aberta à discussão democrática de pressuposições básicas da existência.

Esta vem sendo uma preocupação que me tem tomado todo, sempre — a de me entregar a uma prática educativa e a uma reflexão pedagógica fundadas ambas no sonho por um mundo menos malvado, menos feio, menos autoritário, mais democrático, mais humano.

2

Estado, políticas públicas e educação de adultos[1]

Carlos Alberto Torres

VICE-DIRETOR DO IPF E PROFESSOR DA UCLA (EUA)

O propósito central de minhas investigações na década de 1980 foi definir a análise da política de educação de adultos como política pública, tratando de estudar a racionalidade na tomada de decisões em educação de adultos e tratando de entender se a política dos estados latino-americanos era afetada pela educação popular, que era outro paradigma ou marco teórico reconhecido.

1. O Estado corporativista e a educação de adultos

Durante a década de 1980, concentrei-me nos estudos da formulação de política educacional no México, com algumas premissas bá-

1. Este artigo é uma adaptação feita por Ângela Antunes Ciseski a partir de uma entrevista concedida pelo autor ao professor Elie Ghanem, do CEDI, em 1991.

sicas. O Estado mexicano tem uma capacidade enorme de hegemonia política. É um Estado pós-revolucionário, um estado que surge da primeira revolução social do século XX, que precede a Revolução Russa. É um Estado que, mediante uma série de transformações sociopolíticas, consegue alcançar um controle bastante decisivo no contexto político-social do país, inclusive fazendo desaparecer o papel da Igreja Católica na política estatal. Por outro lado, é um estado que, na pós-revolução, adotou uma política muito firme de expansão educativa, ainda que não na educação de adultos. Só no princípio do Estado pós-revolucionário, durante a famosa expansão da educação rural, o Estado mexicano dedica tempo e recurso à educação de adultos, levando a cabo entre 1943 e 1944 o que se considerou a primeira campanha massiva de alfabetização no continente, campanha que, curiosamente, logo se tornou conhecida como uma das fontes de inspiração político-pedagógica da campanha de alfabetização de Cuba. Portanto, o tema da educação de adultos havia sido um tema relevante, mas desapareceu rapidamente.

Praticamente, poder-se-ia argumentar que durante a expansão do desenvolvimento capitalista no México, isto é, princípio dos anos 1970 — onde a taxa de crescimento do Produto Interno Bruto se encontrava acima dos 6% anuais, uma tendência secular extraordinária, comparada com o resto do mundo —, o sistema político e o sistema econômico mexicano não necessitaram da educação de adultos para crescer.

No modelo de alfabetização que se implementou no México em 1981, quando começa a campanha de alfabetização, o método era o da palavra geradora, tomando as experiências de Paulo Freire no Brasil e no Chile.

Enfim, para sintetizar, para não fazer uma história muito comprida desta primeira etapa de minha investigação, minha preocupação era: Por que se expandem massivamente os **programas de educação de adultos** em um Estado com a capacidade de controle político que tem o Estado mexicano? Para responder a essa pergunta, explorei o problema da crise de legitimidade dos Estados latino-americanos, especialmente o Estado capitalista mexicano, que se caracteriza por não ser um estado capitalista "a seco", mas um Estado corporativo.

Tomei a **noção de corporativismo**, que é basicamente a imagem de um Estado que, mediante um conjunto de acordos e negociações com certos setores patronais e operários, estabelece um mecanismo de aliança pelo qual os setores socialmente subordinados, de alguma maneira, evitam ou restringem sua capacidade de crítica e de ação política e gestam combinações, ou medidas acordadas para tratar de obter obviamente uma melhor repartição no nível da renda e das políticas públicas. Em última instância, o que sucede é que se gesta um pacto social em termos de políticas públicas, baseado em uma estabilidade do sistema e em uma negociação contínua destes atores sociais envolvidos em um arranjo corporativo. Um **arranjo corporativo** em que as instituições que participam nele, as grandes corporações, têm um controle praticamente monopólico dos seus membros, daqueles que, seja como trabalhadores ou em termos da comunidade de negócios, têm que participar na formulação de políticas públicas.

O Estado corporativo mexicano de alguma forma aparece como um mediador, como um grande árbitro entre esses interesses sociais que, como todos sabemos, são divergentes no capitalismo, uma vez que se dá uma apropriação privada da produção e uma diversificação de interesses sociais. Nesta competição, nesta luta social, então, é muito importante estudar os mecanismos que contribuem para a reprodução ampliada da acumulação de capital e aqueles mecanismos que são imprescindíveis para que esta acumulação continue. Quer dizer, os mecanismos de legitimação. Uma das propostas centrais da teoria crítica da sociedade, que eu tratei de explorar no caso mexicano, é ver em que medida a necessidade de expandir as políticas de legitimação do Estado capitalista — neste caso, o Estado corporativista mexicano — podia afetar as políticas de acumulação de capital.

Eu concluí que a expansão de programas massivos de educação de adultos, tomando alguns elementos desta política própria da educação popular — por exemplo, o método gerador —, era uma estratégia de legitimação para poder ampliar e recuperar o terreno que, lenta mas continuamente, o Estado mexicano ia perdendo, em função do crescimento da sua grande dívida externa. Dívida esta que se declara de maneira dramática em 1982, quando o México tem que deixar de pagá-la em função de uma crise fiscal do Estado cada vez mais acentuada, em função da crise de acumulação. Essa crise foi provocada, em parte, porque a burguesia, quando sente que se dá essa crise social de envergadura e que o Estado começa a tratar de executar os mecanismos para controlar o processo, abandona o país, levando consigo capitais da ordem de provavelmente 20 a 30 bilhões de dólares.

Nesse contexto, então, a educação de adultos jogou um papel relevante como um mecanismo a mais para fortalecer a trama de acordos e a trama de regulagens. Enfim, para encurtar a história, até 1984, para mim, era muito claro que a educação de adultos como tal poderia jogar um papel importante — como aconteceu com o MOBRAL — como mecanismo que reforça a hegemonia política de um partido ou de um regime político.

2. Sociologia política da educação de adultos

A pergunta seguinte que eu me fiz foi: em que medida conviria estabelecer uma sociologia política da educação de adultos? E me dediquei, durante os seis anos seguintes, a analisar as premissas desta sociologia política. Indubitavelmente, aqui entra a Educação Popular também. Porque as experiências de Freire no Brasil, as experiências de toda a *Pedagogia do oprimido*, não só na América Latina, eram experiências não estatais, desenvolviam-se exteriormente ao Estado, e geralmente se confrontavam com as políticas hegemônicas do Estado. Tratavam de refletir os interesses dos setores populares e das classes subalternas que o Estado ou manipulava ou simplesmente ignorava. De alguma maneira estabeleciam uma relação entre saber popular, conhecimento popular, entre conhecimento das ciências sociais — conhecimentos, se quisermos, científicos — e prática educativa.

Então havia uma clara vinculação, na educação popular, entre investigação e ação; por isso está intimamente ligada à investigação participativa. Havia uma clara vinculação entre Educação Popular e organização política dos setores populares.

Claro que há várias **etapas na educação popular**, na América Latina. A etapa vinculada ao processo de conscientização — para usar um termo que é razoável — se dá nos anos 1950-60. A etapa, como um intento de adquirir e ganhar poder em função de controlar o poder político, talvez se possa estender até meados dos anos 1970.

No Brasil, com o golpe militar de 1964, esse tipo de projeto político fica castrado, mas, na América Latina, continuou, talvez ingenuamente, com grandes esforços, custando a vida de um sem-número de militantes, muita gente vinculada à Igreja e também a partidos progressistas. Chegando nos 1980, há uma transferência de interesses desta luta, que originalmente se havia dado nas áreas camponesas, para uma área mais suburbana, devido ao crescimento da pobreza e de um conjunto de habitantes da cidade que não tiveram nessa mobilidade para os centros urbanos um incremento de seu consumo e de sua renda.

É neste contexto que a Educação Popular começa também a tomar a forma de **atividades de resistência**, que terminam em alguns casos no que se denomina de **economia popular**, quer dizer, tentativa de vincular a solidariedade que parecia existir em alguns setores sociais subalternos com essas alternativas de sobrevivência. Especialmente quando, na década de 1980, começa a dar-se o processo de privatização, **projetos de ajuste estrutural** a partir das políticas traçadas pelo Fundo Monetário Internacional para a América Latina e a partir das organizações internacionais que estão emprestando dinheiro em função de redefinir a estrutura social.

Estes mecanismos de ajuste estrutural têm o propósito de modificar a estrutura social e as políticas de bem-estar social. Quer dizer, como em algum momento o presidente do Fundo Monetário Internacional definiu, é uma revolução silenciosa. Efetivamente é uma revolução de mudança de estruturas e estes ajustes se baseiam num choque, em uma grande pressão sobre a economia, e há uma série de supostos a partir de políticas monetaristas para controlar a inflação, até a diminuição do Estado, privatização dos serviços, diminuição do gasto público, diminuição do emprego público.

Como todo mundo sabe, a educação cresceu na América Latina nas décadas de 1950-60, dado o apoio dos governos desenvolvimentistas que trataram de expandir o Estado, onde os investimentos educacionais — especialmente com toda a teoria do capital humano — supostamente tratavam de impulsionar a formação de recursos humanos para o desenvolvimento.

Já a década de 1980, por outro lado, é uma década perdida em matéria de desenvolvimento; o Produto Interno Bruto diminui praticamente 6%, 7% em algumas sociedades. Também cai a renda real dos indivíduos e caem todos os indicadores que haviam sido positivos nas décadas anteriores. Dessa forma, sofre a educação também. Sofre porque há uma queda na destinação de recursos.

Há uma série de investigações feitas sobre os vínculos entre o crescimento da **dívida externa e a educação**, em que se assinala que ao crescer a dívida até um certo ponto, há certos impactos positivos na educação, quer dizer, os governos se endividavam, mas esses recursos, de alguma maneira, eram passados para a educação, para a formação de recursos humanos. Então havia uma correlação positiva entre aumento da dívida e incremento dos recursos educacionais. Mas chegou ao ponto em que a dívida começou a pressionar, sobretudo quando foi preciso começar a pagá-la; aí se inicia o fenômeno inverso. Quer dizer, o nível de investimento educacional cai e os recursos educacionais se deterioram. Nesse sentido, o aumento da dívida implica uma diminuição dos recursos educacionais. É uma hipótese de trabalho, uma hipótese empírica, mas parece que se pôde comprovar em algumas sociedades.

Enfim, é nesse contexto que a educação popular adquire um caráter remediador e se vincula muito mais aos movimentos sociais que estão enfrentando o Estado. Talvez já não tanto no sentido de defender-se do autoritarismo estatal, porque estamos de volta às democracias, ainda que frágeis, mas democracias, enfim. É uma tentativa de usar a educação popular para gestar novas alternativas sociais.

Por que então eu dediquei tanto tempo ao estudo da Educação Popular e da educação de adultos? Porque me parece que, neste processo de diminuição do Estado, a luta social e a luta política já não se dão tanto especificamente no interior do Estado, se bem que continue sendo um espaço controvertido, onde não há um projeto homogêneo, mas uma série de projetos heterogêneos, alguns deles efetivamente vinculados aos movimentos sociais e aos partidos políticos progressistas. Também a educação popular agora oferecia novas alternativas. Com a volta da democracia, uma série de pessoas que haviam tido uma experiência de educação popular começam a chegar ao setor público, começam a desenvolver uma nova perspectiva política dentro do Estado. Por outro lado, os movimentos sociais, na década de 1980, haviam adquirido certos aspectos fundamentais, especialmente até meados da década, como um novo mecanismo de representação social e representação política.

Por último, estes movimentos sociais agora reclamavam do Estado um intento de parceria, de vinculação orgânica entre movimentos sociais e Estado para poder levar adiante programas educacionais de qualidade e de extensão. Neste contexto, interessou-me muito ver as experiências do Partido dos Trabalhadores no Brasil, especialmente a experiência de Paulo Freire, que é um intelectual a quem respeito enormemente e a quem tratei de estudar por muitos anos. E a experiência da prefeitura de São Paulo, na gestão de Luiza Erundina de Sousa (1989-1992), como uma nova alternativa nesta política participativa de educação de adultos e de Educação Popular.

3. A administração de Paulo Freire

Quando o Partido dos Trabalhadores ganhou as eleições em São Paulo, tenho a impressão de que estava muito clara a posição ideológica do que se queria conseguir. Mas tenho a impressão também de que a vitória tomou o partido de surpresa. Não obstante, também era muito claro que quem poderia oferecer uma imagem, um símbolo e um programa de educação que tivesse conexões com a pedagogia internacional, com a experiência local de São Paulo e com a experiência nacional do Brasil, era Paulo Freire. A Secretaria da Educação, como se passa sempre nos municípios latino-americanos, não é uma Secretaria desdenhada, é uma Secretaria que provavelmente empregue um terço do total dos recursos e dos funcionários da prefeitura. Eu me atreveria a dizer, talvez ousadamente, que é uma secretaria que se encontra presente no coração dos setores populares, que são os usuários do sistema educativo de São Paulo, de maneira mais dramática, radical, cotidiana.

Não se deve esquecer de que o Estado ofereceu a promessa educacional aos setores populares por tantos anos, que os setores populares aceitaram esta imagem de que a educação é um grande mecanismo de mobilidade social e oferece uma grande perspectiva para sair da pobreza, para avançar na luta social, para avançar na vida. Se alguém como membro de uma família pobre, em uma favela, sente que sua vida já se gastou, já a apostou e perdeu, tem a esperança de que não se passe o mesmo com seus filhos. Apostam que vão ganhar e ganhar quer dizer que apostam que vão ter uma educação de qualidade, apostam que, através da educação, eles vão ter acesso a melhores possibilidades. Apostam que a educação vai ajudar de uma ou outra maneira para que a vida de seus filhos seja melhor. Então a Secretaria de Educação pública nos municípios, como no nível federal, tem um espaço muito especial na vida popular.

Por que Paulo Freire? Porque ele era também — e isto não é menos importante — um dos fundadores do Partido dos Trabalhadores, mas também é, talvez, dizendo de uma maneira provocativa, o pedagogo mais importante da segunda metade do século XX. Todo mundo pode falar de Freinet ou Montessori, há um sem-número de nomes que têm importância, mas não cabe nenhuma dúvida de que a *Pedagogia do oprimido* marca a segunda metade do século XX, como *Democracia e educação* de John Dewey marcou a primeira metade. Sem dúvida alguma, a conexão entre os dois pensadores é evidente, especialmente no Brasil através de Anísio Teixeira. Paulo Freire, de alguma maneira, retoma o pensamento da Escola Nova e o leva a uma análise muito mais crítica. Ainda que seja preciso recordar que na alvorada da Revolução Russa — quando começam a chegar todos estes jovens entusiasmados por este novo projeto revolucionário — John Dewey esteve também colaborando com o início das campanhas educativas na União Soviética. Quer dizer, John Dewey não era um liberal acrítico, mas alguém que estava entendendo a imagem do socialismo como um mecanismo de redistribuição de riquezas, como um mecanismo de ressocialização do saber, como um mecanismo de reconstrução do tecido social, porém em uma perspectiva comunitária.

Por que Freire, então? Porque Freire representava simbolicamente esta nova perspectiva pedagógica. Também porque havia voltado ao Brasil após dez anos, havia se reencontrado, havia reaprendido o Brasil e já estava em condições de oferecer uma alternativa política.

Que coisa interessante se passa com a presença simbólica e prática de Paulo Freire à frente de uma equipe na Secretaria Municipal da Educação? Uma equipe que não havia sido provada administrativamente, uma equipe que não havia tido acesso — com exceção de uma ou outra pessoa — à experiência pública, porque sempre foi, em função de sua ideologia e prática política, marginalizada do Estado. E também porque, por razões inclusive de proteção, sua experiência de Educação Popular havia sido uma experiência "não estatal".

Com esta equipe, com Freire à cabeça, começava uma experiência que, na minha opinião, é uma das mais interessantes. Há uma frase em inglês, que foi cunhada pelo movimento ecológico, que diz *Think globaly, act localy* (pensar globalmente, atuar localmente). Isto é talvez a expressão mais clara da luta política atual. Enquanto os países e os governos vão se transnacionalizando mais e mais, adequando-se a estas contínuas lutas e reacomodações internacionais no sistema do capitalismo mundial, é no nível das municipalidades, é no nível local, que a luta política adquire novas dimensões.

É o lugar onde os movimentos sociais, onde os partidos progressistas começam a estabelecer a área de luta política efetiva, real, e é onde as pessoas pedem e demandam o que necessitam, o que querem, o que lutam, o que sonham, o que está continuamente em seus corações e em suas esperanças. Então, por isso, parece-me que a luta municipal vai adquirir dimensões muito maiores até o fim do século XX. Cuidado! Foi extraordinariamente importante nos princípios do século XX.

É preciso recordar a luta municipal, por exemplo, outra vez, no México, no Sul do México, onde ainda hoje, apesar da fortaleza do Estado mexicano, em um estado como Tabasco, a presença das municipalidades deve ser reconhecida. Há um poder municipal que se estabeleceu no início do século, inclusive durante a Revolução Mexicana e que começa outra vez a ter brios renovados para o fim do século XX.

Enfim, para sintetizar, uma pergunta empírica: que coisa nova ofereceu a administração de Paulo Freire? As respostas até agora parecem ser interessantes. Por um lado, **diminuiu a repetência escolar** e não porque tenham sido diminuídos, ou rebaixados, ou relaxados os padrões educacionais. Isto, em princípio, parecia uma coisa interessante a explorar. Segundo, cria-se o movimento de **reorientação curricular** da Secretaria Municipal da Educação, que tem como base a ideia de formação permanente do professorado.

Trata-se ainda de devolver o poder à escola, mas um poder em que a escola permita a participação da comunidade. Os **conselhos de escola**, parece-me, são essa alternativa. Não é um empreendimento original dessa administração, mas sim, em seu objetivo e em seu fortalecimento, algo a que essa administração deu um valor especial.

E, por último, a experiência que a mim em particular parece mais interessante foi a do MOVA-SP (Movimento de Alfabetização de Jovens e Adultos da Cidade de São Paulo). A ideia de uma parceria entre movimentos sociais que lutaram pela defesa da mulher, pela defesa da alfabetização, pela moradia, por todo o problema das terras públicas etc., e que em comunhão, em conjunção, em acordo firmado, legal, estabelecido com a Secretaria Municipal da Educação, começaram a formar e a educar de uma maneira original — vinculando a qualidade acadêmica com o compromisso político — toda uma geração de jovens e adultos em São Paulo.

Uma vez mais a prova do êxito ou fracasso desse modelo está em que medida os movimentos sociais vão continuar demandando este tipo de parceria com o Estado e vão continuar pressionando o Estado para que se constitua em um elemento a mais deste processo de geração de um saber popular, neste processo de geração de um poder popular.

3

Educação de jovens e adultos: correntes e tendências

Moacir Gadotti

DIRETOR DO IPF E PROFESSOR DA USP

Durante os últimos anos, muitos estudos e experiências práticas sobre a contribuição dos movimentos sociais para a formulação de políticas públicas de educação popular têm sido realizadas no Brasil. Como afirma Carlos Alberto Torres (1992), os movimentos populares são frequentemente definidos, no Brasil, como organizações de base, lutando pela extensão da educação para todos e especialmente pela alfabetização e pela educação de adultos.

1. Definição de alguns termos

Muitas vezes define-se a educação de adultos por aquilo que ela não é. Por isso falamos em educação assistemática, não formal e extraescolar, expressões que valorizam mais o sistêmico, o formal e o escolar. A educação não formal, assim entendida, seria menos do que a educação formal, posto que a primeira é concebida como "complementar de", "supletiva de", que não tem valor em si mesma.

O que eu quero mostrar é o outro lado, isto é, o que a educação de adultos é, ou pode ser, em si mesma. Por isso é necessário começar por uma definição dos termos.

Os termos **educação de adultos**, **educação popular**, **educação não formal** e **educação comunitária** são usados muitas vezes como sinônimos, mas não são. Os termos educação de adultos e educação não formal referem-se à mesma área disciplinar, teórica e prática da educação. No entanto, o termo educação de adultos tem sido popularizado especialmente por organizações internacionais como a UNESCO, para referir-se a uma área especializada da educação. A educação **não formal** tem sido utilizada, especialmente nos Estados Unidos, para referir-se à educação de adultos que se desenvolve nos países do Terceiro Mundo, geralmente vinculada a projetos de educação comunitária. Nos Estados Unidos, no entanto, reserva-se o termo **educação de adultos** para a educação não formal aplicada ou administrada no nível local no país.

Existe, no entanto, um grande número de **paradigmas** — isto é, uma combinação de teorias, lógicas de investigação e metodologias de ação — dentro da educação de adultos ou da educação não formal. Na América Latina, a educação de adultos tem sido, particularmente a partir da Segunda Guerra Mundial, de âmbito do Estado. Pelo contrário, a **educação não formal** está principalmente vinculada a organizações não governamentais, partidos políticos, igrejas etc., geralmente organizadas onde o Estado se omitiu e muitas vezes organizadas em oposição à educação de adultos oficial.

A **educação popular**, como uma concepção geral da educação, via de regra, se opõe à educação de adultos impulsionada pela educação estatal e tem ocupado os espaços que a educação de adultos oficial não levou muito a sério. Um dos princípios originários da educação popular tem sido a criação de uma nova epistemologia baseada no profundo respeito pelo senso comum que trazem os setores populares em sua prática cotidiana, problematizando esse senso comum, tratando de descobrir a teoria presente na prática popular, teoria ainda não conhecida pelo povo, problematizando-a, incorporando-lhe um raciocínio mais rigoroso, científico e unitário.

Seria ainda preciso distinguir, à maneira de Carlos Rodrigues Brandão (1984, p. 181), sem separar mecanicamente:

1º a **educação de classe**, entendida como os processos não formais de reprodução dos diferentes modos de saber das classes populares;

2º a **educação popular** como processo sistemático de participação na formação, fortalecimento e instrumentalização das práticas e dos movimentos populares, com o objetivo de apoiar a passagem do saber popular ao saber orgânico, ou seja, do saber da comunidade ao saber de classe na comunidade; e

3º a **educação do sistema** (oficial), isto é, os programas de capacitação de pessoas e grupos populares, sob o controle externo, visando produzir a passagem dos modos populares de saber tradicional para modelos de saber modernizado, segundo os valores dos polos dominantes da sociedade.

Para Carlos Brandão, a educação do sistema conduz à reprodução do poder dominante. Contudo, depois das análises gramscianas, a teoria que considerava o Estado como um comitê de direção da burguesia tem sido contestada. O Estado é contraditório: é força e consenso.

Mesmo para cumprir sua função principal de acumulação do capital, o Estado capitalista, para legitimar-se, deve impulsionar mecanismos massivos de participação, especialmente através de eleições periódicas. Deve também prover o mínimo de saúde, educação, seguro-desemprego, moradia etc., de que todos os cidadãos necessitam, e fazem jus, em virtude de sua participação na "res publica". Essas duas funções — de **acumulação** e de **legitimação** — são inerentemente conflituosas, dando lugar a todo tipo de contradições sociais e políticas, e convertendo o próprio Estado numa arena de luta de projetos alternativos.

Nesse contexto, os movimentos sociais, bem como os partidos progressistas, têm identificado a **educação pública** como uma função fundamental do Estado capitalista democrático. E como ele financia e administra essa educação, ela está marcada pelas mesmas contradições sociais acima assinaladas.

Lamentavelmente, a função educativa do Estado tem sido entendida, quase exclusivamente, como escolarização, deixando de lado as possibilidades da educação não formal, especialmente na educação básica (que inclui a alfabetização) de jovens e adultos.

2. Educação básica de jovens e adultos

— Para que uma educação básica de jovens e adultos?

Os jovens e adultos trabalhadores lutam para superar suas condições precárias de vida (moradia, saúde, alimentação, transporte, emprego etc.) que estão na raiz do problema do analfabetismo. O desemprego, os baixos salários e as péssimas condições de vida comprometem o processo de alfabetização dos jovens e dos adultos. Falo de "jovens e adultos" me referindo à "educação de adultos", porque, na minha experiência concreta, notei que aqueles que frequentam os programas de educação de adultos são majoritariamente os jovens trabalhadores.

— O que é o **analfabetismo**?

O analfabetismo é a expressão da pobreza, consequência inevitável de uma estrutura social injusta. Seria ingênuo combatê-lo sem combater suas causas.

— Como?

Conhecendo as condições de vida do analfabeto, sejam elas as condições objetivas, como o salário, o emprego, a moradia, sejam as condições subjetivas, como a história de cada grupo, suas lutas, organização, conhecimento, habilidades, enfim, sua cultura. Mas, conhecendo-as na convivência com ele e não apenas "teoricamente". Não pode ser um conhecimento apenas intelectual, formal. O sucesso de um programa de educação de jovens e adultos é facilitado quando **o educador é do próprio meio**.

Um programa de educação de adultos, por essa razão, não pode ser avaliado apenas pelo seu rigor metodológico, mas pelo impacto gerado na **qualidade de vida** da população atingida. A educação de adultos está condicionada às possibilidades de uma transformação real das condições de vida do aluno-trabalhador.

Os programas de educação de jovens e adultos estarão a meio caminho do fracasso se não levarem em conta essas premissas, sobretudo na formação do educador.

O analfabetismo não é doença ou "erva daninha", como se costumava dizer entre nós. É a negação de um direito ao lado da negação de outros direitos. O analfabetismo não é uma questão pedagógica, mas uma questão essencialmente política.

— Quem é o **educador de jovens e adultos**?

Já dissemos que sendo o educador do próprio meio é muito mais fácil a educação de jovens e adultos. Contudo, nem sempre isso é possível. É preciso formar educadores provenientes de outros meios não apenas geográficos, mas também sociais.

No mínimo, esses educadores precisam respeitar as **condições culturais** do jovem e do adulto analfabeto. Eles precisam fazer o diagnóstico histórico-econômico do grupo ou da comunidade onde irão trabalhar e estabelecer um canal de comunicação entre o saber técnico (erudito) e o saber popular.

Ler sobre a educação de adultos não é suficiente. É preciso entender, conhecer profundamente, pelo contato direto, a lógica do conhecimento popular, sua estrutura de pensamento em função da qual a alfabetização ou a aquisição de novos conhecimentos têm sentido.

Não se pode medir a qualidade da educação de adultos pelos palmos de saber sistematizado que foram assimilados pelos alunos. Ela deve ser medida pela possibilidade que os dominados tiveram de manifestar seu ponto de vista e pela solidariedade que tiver criado entre eles.

Daí a importância da organização coletiva. É preciso criar o interesse e o entusiasmo pela participação: o educador popular é um

animador cultural, um articulador, um organizador, um intelectual (no sentido gramsciano). O educador popular não pode ser nem ingênuo e nem espontaneísta. O espontaneísmo — princípio que consiste em ficar esperando que a mudança venha de cima, sem esforço, sem disciplina, sem trabalho — é sempre conservador. O educador popular, no contato direto com a cultura popular, descobrirá rapidamente a diferença entre espontaneísmo e a espontaneidade que é uma característica positiva da mentalidade popular.

Como dizia Marx, em seu famoso livro *Crítica ao Programa de Gotha*, supor que o Estado faça isso de forma massiva é uma ingenuidade. Mas isso é perfeitamente possível em pequenos grupos. Construímos o futuro a partir de um lugar, isto quer dizer que é a partir de uma referência **local** que é possível pensar o **nacional**, o **regional** e o **internacional**. Nós, latino-americanos, temos uma longa experiência de regimes autoritários tentando impor uma "identidade nacional", sem levar em conta a mentalidade popular, muitas vezes baseando-se em pressupostos autoritários como o conceito de "segurança nacional".

Conhecemos o mundo, primeiro através dos nossos pais, através do nosso círculo imediato e só depois é que, progressivamente, alargamos nosso universo. O bairro, e logo em seguida, a cidade, são os principais meios educativos de que dispomos. A **cidade** é a nossa primeira instância educativa. É ela que nos insere num país e num mundo em constante evolução.

Não se trata de negar o acesso à **cultura geral** elaborada, que se constitui num importante instrumento de luta para as minorias. Trata-se de não matar a cultura primeira do aluno. Trata-se de incorporar uma abordagem do ensino/aprendizagem que se baseia em valores e crenças democráticas e procura fortalecer o pluralismo cultural num mundo cada vez mais interdependente. Por isso que a educação de adultos deve ser sempre uma **educação multicultural**, uma educação que desenvolve o conhecimento e a integração na **diversidade cultural**. É uma educação para a compreensão mútua, contra a exclusão por motivos de raça, sexo, cultura ou outras formas de discriminação. A filosofia primeira, na qual o educador de jovens e adultos precisa ser formado, é a filosofia do diálogo. E o **pluralismo** é também uma filosofia do diálogo.

3. Evolução do conceito

Até a Segunda Guerra Mundial, no **plano internacional**, a educação popular era concebida como a extensão da educação formal para todos, sobretudo, para os habitantes das periferias urbanas e zonas rurais.

A partir da I Conferência Internacional sobre Educação de Adultos, realizada na Dinamarca (1949), a educação de adultos foi concebida como uma espécie de educação moral. A escola não havia conseguido evitar a barbárie da guerra. Ela não havia dado conta de formar o homem para a paz. Por isso se fazia necessária uma educação "paralela", fora da escola, cujo objetivo seria contribuir para o respeito aos direitos humanos e para a construção de uma paz duradoura, que seria uma educação continuada para jovens e adultos, mesmo depois da escola.

Depois da II Conferência Internacional sobre Educação de Adultos, realizada em Montreal (1963), aparecem dois enfoques distintos: a educação de adultos concebida como uma continuação da educação formal, como **educação permanente**, e, de outro lado, a **educação de base ou comunitária**.

Depois da III Conferência Internacional sobre Educação de Adultos, realizada em Tóquio (1972), a educação de adultos voltou a ser entendida como suplência da educação fundamental (escola formal). O objetivo da educação de adultos era reintroduzir jovens e adultos, sobretudo os analfabetos, no sistema formal de educação. Em 1985, foi realizada a IV Conferência Internacional sobre Educação de Adultos, na cidade de Paris, que se caracterizou pela **pluralidade de conceitos**. Foram discutidos muitos temas, entre eles: alfabetização de adultos, pós-alfabetização, educação rural, educação familiar, educação da mulher, educação em saúde e nutrição, educação cooperativa, educação vocacional, educação técnica. Dessa forma, a Conferência de Paris "implodiu" o conceito de educação de adultos.

A Conferência Mundial sobre Educação para Todos, realizada em Jomtien (Tailândia), em 1990, entendeu que a alfabetização de jovens e adultos seria uma primeira etapa da educação básica. Ela consagrou, assim, a ideia de que a alfabetização não pode ser separada da pós-alfabetização, isto é, separada das "necessidades básicas de aprendizagem".

No **contexto latino-americano**, diversas concepções vão surgindo historicamente e se dividindo em múltiplas correntes e tendências que continuam até hoje.

Até os anos 1940 a educação de adultos era concebida como uma extensão da escola formal, principalmente para a zona rural. Era entendida como democratização da escola formal.

Na década de 1950, a educação de adultos era entendida principalmente como educação de base, como desenvolvimento comunitário.

No final dos anos 1950, duas são as tendências mais significativas na educação de adultos: a educação de adultos entendida como **educação libertadora**, como "conscientização" (Paulo Freire) e a educação de adultos entendida como **educação funcional** (profissional), isto é, o treinamento de mão de obra mais produtiva, útil ao projeto de desenvolvimento nacional dependente.

Na década de 1970, essas duas correntes continuam. A primeira entendida basicamente como educação não formal, alternativa à escola, e a segunda, como suplência da educação formal. No Brasil, se desenvolve nessa corrente o sistema MOBRAL (Movimento Brasileiro de Alfabetização), com princípios opostos aos de Paulo Freire.

Segundo Vanilda Pereira Paiva (1970), **no Brasil**, até a Segunda Guerra Mundial, a educação de adultos foi integrada à educação chamada popular, isto é, uma educação para o povo, que significava difusão do ensino elementar.

Depois da Segunda Guerra, seguindo tendências mundiais, a educação de adultos foi concebida basicamente como independente da educação elementar, muitas vezes com objetivos políticos populistas.

A história da educação de adultos propriamente dita, no Brasil, poderia ser dividida em três períodos:

1º De 1946 a 1958, em que foram realizadas grandes campanhas nacionais de iniciativa oficial, chamadas de "cruzadas", sobretudo para "erradicar o analfabetismo", entendido como uma "chaga", uma doença como a malária. Por isso se falava em "zonas negras de analfabetismo".

2º De 1958 a 1964. Em 1958 foi realizado o 2º Congresso Nacional de Educação de Adultos, que contou com a participação de Paulo Freire. Partiu daí a ideia de um programa permanente de enfrentamento do problema da alfabetização que desembocou no Plano Nacional de Alfabetização de Adultos, dirigido por Paulo Freire e extinto pelo Golpe de Estado de 1964, depois de um ano de funcionamento. A educação de adultos era entendida a partir de uma visão das causas do analfabetismo, como educação de base, articulada com as "reformas de base", defendidas pelo governo popular/populista de João Goulart. Os CPCs (Centros Populares de Cultura), extintos logo depois do golpe militar de 1964, e o MEB (Movimento de Educação de Base), apoiado pela Igreja e cuja duração foi até 1969, foram profundamente influenciados por essas ideias.

3º O governo militar insistia em campanhas como a "Cruzada do ABC" (Ação Básica Cristã) e posteriormente, com o MOBRAL.

O MOBRAL foi concebido como um sistema que visava basicamente ao controle da população (sobretudo a rural). Em seguida, com a "redemocratização" (1985), a "Nova República", sem consultar os seus 300 mil educadores, extingue o MOBRAL e cria a Fundação Educar, com objetivos mais democráticos, mas sem os recursos de que o MOBRAL dispunha. A educação de jovens e adultos foi, assim, enterrada pela "Nova República" e o autodenominado "Brasil Novo" (1990), do primeiro presidente eleito depois de 1961, criou o PNAC (Plano Nacional de Alfabetização e Cidadania), apresentado com grande pompa publicitária em 1990 e extinto no ano seguinte sem qualquer explicação para a sociedade civil que o havia apoiado.

Em 1989, com a finalidade de preparar o Ano Internacional da Alfabetização (1990), foi criada no Brasil a Comissão Nacional de Alfabetização, de início coordenada por Paulo Freire e depois por José Eustáquio Romão. Ela ainda continua, até hoje, com o objetivo de elaborar diretrizes para a formulação de políticas de alfabetização a longo prazo que nem sempre são assumidas pelo governo federal.

Explica-se assim o histórico distanciamento entre sociedade civil e Estado no Brasil no que se refere aos problemas educacionais. Até hoje existe muita desconfiança em relação às iniciativas do Estado, mesmo quando seus dirigentes têm compromisso com o povo.

Luiz Eduardo Wanderley (1985, p. 58-79) distingue três "orientações" da educação popular no Brasil que podem ser encontradas em outros países da América Latina:

1ª a educação popular com a **orientação de integração**, uma educação instrumental, entendida como popularização da educação oficial sob a hegemonia das classes dominantes, com o objetivo de consolidar o capitalismo dependente, integrando principalmente o campesinato.

2ª a educação popular com a **orientação nacional-desenvolvimentista** visando à implantação de um capitalismo autônomo, nacional e popular. Seria uma versão brasileira da "educação funcional" (UNESCO). Pretendia-se distribuir os benefícios do progresso social e econômico sem questionar, contudo, a legitimidade social do modelo capitalista dependente.

3ª a educação popular com a **orientação de libertação** com o objetivo de estimular as potencialidades do povo através da **conscientização**, da capacitação e de ampla participação social. A partir dessa orientação, certos grupos problematizaram, criticaram a ordem capitalista e começaram a exigir mudanças estruturais profundas.

4. Perspectivas atuais

Tomando como parâmetro a relação entre Estado e educação popular, podemos dividir a educação de adultos, enquanto concepção particular da educação popular, em duas grandes tendências teórico-práticas:

1ª A tendência — que poderíamos chamar de **maniqueísta** — não admite o Estado como parceiro da educação popular. Opõe mecanicamente Estado e sociedade civil, o oficial e o alternativo etc. Para essa tendência, o Estado visa sempre à manipulação e à cooptação ao passo que a educação popular visa sempre à participação e à emancipação. Por isso elas seriam inconciliáveis.

2ª A tendência **integracionista** que propõe a colaboração entre Estado, igreja, empresariado, sociedade civil etc. Essa tendência divide-se em duas vertentes. A vertente que defende a simples extensão da escola das elites para toda a população (Paiva, 1970, p. 39) e outra que defende uma nova qualidade da escola pública, com caráter popular (Duarte, 1992).

Concretamente, o que se nota hoje no Brasil, como observa Carlos Rodrigues Brandão (1984, p. 196-197) é:

1º uma retração do Estado e consequente ampliação dos setores da sociedade civil;

2º uma ampliação e diferenciação de programas;

3º acentuada ampliação dos trabalhos de educação dos menos qualificados;

4º continuidade das experiências de educação popular de setores de vanguarda da Igreja;

5º aumento de agências civis de trabalho pedagógico;

6º aumento de iniciativas populares como educação sindical, educação política etc.

Com a **retração do Estado**, multiplicaram-se as iniciativas da sociedade civil, sobretudo após a extinção do MOBRAL, mas apareceu o problema da **pulverização** dessas iniciativas e da duplicação de esforços que até hoje não foi resolvido, apesar das várias tentativas dos centros de assessoria dos movimentos populares. A criação de uma Central de Movimentos Populares (hoje em construção) poderá ser um caminho de superação desse problema.

Parece-me que hoje o governo está desarmado teórica e praticamente para enfrentar o problema da educação para todos os brasileiros. Assinou a "Declaração Mundial sobre Educação para Todos" e o "Plano de Ação para Satisfazer as Necessidades Básicas de Aprendizagem", principais documentos da Conferência Mundial sobre Educação para Todos (Jomtien, Tailândia, 1990), mas não demonstra **vontade política** para honrar os compromissos assumidos. Além disso, enfrenta o problema da sua legitimidade diante da população pelos escândalos nos quais está envolvido.

Por outro lado, sofremos todos da crise de paradigmas da educação em geral, crise exemplificada pelo fracasso da maioria dos programas de alfabetização dos países do Terceiro Mundo.

Segundo a UNESCO (1991, p. 59), o número de analfabetos no mundo tem aumentado: 742 milhões em 1970, 814 milhões em 1980 e 884 milhões em 1990. O Brasil engrossa essas estatísticas com uma gorda contribuição: ainda que a taxa de analfabetismo (em sentido restrito) tenha caído de 26% (1980) para 18,8% (1989), o número de analfabetos (com 15 ou mais anos de idade) aumentou de 1983 até hoje de 17.204.041 para 17.587.580 (IBGE, 1988).

Esse fracasso pode ser explicado também por problemas de **concepção pedagógica**.

Alfabetizar não é uma coisa intrinsecamente neutra ou boa; depende do contexto. A alfabetização na cidade e no campo tem consequências diferentes para os alfabetizandos. A alfabetização por si só não liberta. É um fator somado a outros fatores. E o alfabetizando que aprende a ler e escrever, mas não tem como exercitar-se na leitura e na escrita, regride ao analfabetismo.

Existem também **problemas metodológicos** não resolvidos pela maioria dos programas implantados.

Na verdade, **ninguém alfabetiza ninguém**. O alfabetizador não alfabetiza o aluno. Ele é o mediador entre o aprendiz e a escrita, entre o sujeito e o objeto deste processo de apropriação do conhecimento. Para exercer essa mediação, o professor precisa conhecer o sujeito e o objeto da alfabetização. Esta mediação consiste em estruturar atividades que permitam ao alfabetizando agir e pensar sobre a escrita e o mundo. Como dizia Piaget, é o sujeito que constrói o seu próprio conhecimento para se apropriar do conhecimento dos outros.

O aluno adulto não pode ser tratado como uma criança cuja história de vida apenas começa. Ele quer ver a aplicação imediata do que está aprendendo. Ao mesmo tempo, apresenta-se temeroso, sente-se ameaçado, precisa ser estimulado, criar autoestima, pois a sua "ignorância" lhe traz tensão, angústia, complexo de inferioridade. Muitas vezes tem vergonha de falar de si, de sua moradia, de sua experiência frustrada da infância, principalmente em relação à escola. É preciso que tudo isso seja verbalizado e analisado. O primeiro direito do alfabetizando é o **direito de se expressar**.

Há muitos anos que a **andragogia** (Furter, 1974) nos tem ensinado que a realidade do adulto é diferente da realidade da criança, mas ainda não incorporamos esse princípio nas nossas metodologias.

Eliminar o analfabetismo em sua origem exige que o **sistema público de ensino** seja capaz de reter o contingente de alunos matriculados no ensino fundamental. É necessário oferecer escola pública para todos, adequada à realidade onde está inserida, para que seja de qualidade. Neste sentido, ela deve ser democrática pela gestão participativa, que integre a comunidade e os movimentos populares na construção e definição de sua identidade. Enfim, ela deve ser autônoma, isto é, cidadã.

4

Educação de jovens e adultos: problemas e perspectivas

José E. Romão
SECRETÁRIO GERAL DO IPF

Este trabalho resulta de reflexões que temos feito ao longo de mais de dez anos sobre a Educação de Jovens e Adultos no Brasil. Em julho de 1984, organizamo-las, de modo mais sistemático, para uma conferência que pronunciamos no "I Congresso das Escolas Paulistas", realizado de 22 a 25 de julho de 1984. Nessa ocasião, tivemos a honra de dividir a mesa de trabalhos com D. Luciano Mendes de Almeida, que representava a Conferência Nacional dos Bispos Brasileiros no evento.

Dos debates travados com ele e com os participantes do Congresso, transformamos nossas anotações num texto para atender à solicitação da então "Associação Mineira de Ação Educacional" (AMAE), hoje "Fundação AMAE para Educação e Cultura", que o publicou em outubro do mesmo ano, no n. 167 da revista *AMAE Educando* (p. 10-14).

Passados onze anos, resolvemos retomar, neste trabalho, várias das reflexões nele desenvolvidas, convencidos que estamos de sua atualidade e da oportunidade de sua divulgação, mormente no momento em que o Congresso Nacional corre o risco de aprovar o projeto de Lei de Diretrizes e Bases do senador Darcy Ribeiro, que constitui uma verdadeira ameaça à Educação de Jovens e Adultos.

Já em julho de 1977, na sua fala sobre o *Ensino Público*, na 29ª Reunião da SBPC, realizada em São Paulo e publicada em julho do ano seguinte, no número 1 da revista *Encontros com a Civilização Brasileira*, sob o título de "Sobre o óbvio", assim se expressava o ilustre conferencista na página 21:

> Quem pensar um minuto que seja sobre o tema, verá que é óbvio que quem acaba com o analfabetismo adulto é a morte. Esta é a solução natural. Não se precisa matar ninguém, não se assustem! Quem mata é a própria vida, que traz em si o germe da morte. Todos sabem que a maior parte dos analfabetos está concentrada nas camadas mais velhas e mais pobres da população. Sabe-se, também, que esse pessoal vive pouco, porque come pouco. Sendo assim, basta esperar alguns anos e se acaba com o analfabetismo. Mas só se acaba com a condição de que não se produzam novos analfabetos. Para tanto, tem-se que dar prioridade total, federal, à não produção de analfabetos. Pegar, caçar (com c cedilha) todos os meninos de sete anos para matricular na escola primária, aos cuidados de professores capazes e devotados, a fim de não mais produzir analfabetos. Porém, se se escolarizasse a criançada toda, e se o sistema continuasse matando os velhinhos analfabetos com que contamos [*sic*], aí pelo ano 2000 não teríamos mais um só analfabeto. Percebem agora onde está o nó da questão?

O conferencista fazia este discurso terrível para concluir sua tese de que o Movimento Brasileiro de Alfabetização (MOBRAL) era, na verdade, um programa de criação e manutenção de analfabetos no país, um instrumento demoníaco das elites brasileiras, a quem não interessava a universalização da educação básica. Embora concordando com algumas de suas críticas a respeito do MOBRAL, já à época discordávamos do autor que, no nosso modo de ver, para jogar fora a água suja da bacia em que a criança era lavada, jogava fora também a bacia e a criança.

Neste trabalho, tentaremos demonstrar tanto os equívocos que, de há muito tempo atrás, vêm povoando a cabeça do antropólogo no que diz respeito à educação de jovens e adultos, bem como comprovar que tais equívocos continuam habitando suas análises e propostas. E, o que é mais grave, na qualidade de autor do substitutivo com prioridade de tramitação no Parlamento Brasileiro, ele tem grandes chances de transformá-los nas diretrizes da educação brasileira de jovens e adultos.

Antes, porém, de contestar o conteúdo das concepções de Darcy Ribeiro sobre a educação de jovens e adultos e de demonstrar que elas contrariam o que dispõe o texto constitucional, reconstituiremos, sumariamente, a trajetória do projeto de LDB, para demonstrar as manobras que acabaram por tornar seu projeto prioritário, em detrimento do denominado "Substitutivo Cid Saboia".

I. A longa e sofrida trajetória da LDB

Logo após a promulgação da Constituição de 1988, o deputado Octávio Elísio Alves de Brito apresentou um Projeto de Lei de Diretrizes e Bases da Educação Nacional (n. 1.258/88) que foi submetido à discussão nos mais diversos fóruns educacionais do país. A ampla mobilização levou, inclusive, à constituição do "Fórum Nacional de Defesa da Escola Pública", no qual se fizeram representar inúmeras entidades.

Outros projetos surgiram e a ele foram anexados: dos deputados Osvaldo Sobrinho (n. 2.150/89), Adhemar de Barros Filho (n. 2.380/89), Fausto Rocha (n. 2.403/89), Lídice da Mata (n. 2.784/89), Santinho Furtado (n. 2.848/89), Alnold Fioravante (n. 2.880/89), Paulo Delgado (n. 2.926/89), Agripino de Oliveira Lima (n. 2.812/89), Francisco Amaral (n. 2.201/89), Samir Achôa (n. 2.448/89) e Uldurico Pinto (n. 3.001/89). A quantidade de projetos e a variedade de seus conteúdos, de parlamentares dos mais diversos partidos e matizes políticos reflete o jogo de interesses que a educação desperta.

De posse de todos esses projetos e das contribuições das entidades da sociedade civil organizadas no campo da educação, que, inclusive, foram ouvidas em trinta audiências públicas na Comissão de Educação, Cultura, Esporte e Turismo da Câmara dos Deputados, o relator, deputado Jorge Hage, tentou uma consolidação conciliatória, que consubstanciou no substitutivo publicado em agosto de 1989. Nele, o Capítulo XI, "Da educação básica de jovens e adultos trabalhadores e do ensino noturno", detalha as normas e avança quanto aos mecanismos e instrumentos de implementação dos dispositivos constitucionais previstos no art. 208 (*caput* e incs. I, VI e VII):

> Art. 208 — O dever do Estado com a educação será efetivado mediante a garantia de:
> I — ensino fundamental, obrigatório e gratuito, inclusive para os que a ele não tiveram acesso na idade própria;
> VI — oferta de ensino noturno regular, adequado às condições do educando;
> VII — atendimento ao educando, no ensino fundamental, através de programas suplementares de material didático-escolar, transporte, alimentação e assistência à saúde.

Significa dizer que a Carta Magna, pela primeira vez na história da educação brasileira, consagra a obrigatoriedade e gratuidade do ensino fundamental para todos os brasileiros, transformando-o em "direito público subjetivo" (§ 1º do mesmo artigo), independentemente da idade do candidato. Ou seja, a educação de jovens e adultos, marginalizados ou excluídos da escola na idade própria, integra-se no sistema educacional regular de ensino, observando-se, evidentemente, as especificidades didático-pedagógicas para a clientela-alvo. Com isso, ela fica protegida também pelo instituto do mandado de injunção, previsto no inciso LXXI do art. 5º e que é o instrumento concreto de garantia do exercício do direito de todos à educação básica. As constituições anteriores, quando estabeleciam a oferta de ensino público, gratuito e obrigatório, vinculavam-no à determinada faixa etária (7 a 14 anos).

Uma segunda rodada de discussões em torno do substitutivo de Jorge Hage acabou por gerar um segundo substitutivo — que incorporava muitos ganhos e avanços, particularmente em relação à escola pública, graças à atuação do Fórum —, que foi aprovado no âmbito da Comissão, em junho de 1990. Enviado à Comissão de Justiça e Finanças, o texto recebe do Plenário 1.266 emendas que, consolidadas pela relatora, deputada Ângela Amin, gera um terceiro substitutivo, finalmente aprovado na Câmara dos Deputados, em 1993. O projeto é, então, enviado ao Senado, em cuja Comissão de Educação sofre novas alterações e é aprovado através do substitutivo ao projeto originário da Câmara, com a relatoria do senador Cid Saboia, sob o número 101, em novembro de 1994. As alterações mencionadas foram aí também resultantes de amplo processo democrático de discussão e participação, com destaque, novamente, para as intervenções do "Fórum Nacional de Defesa da Escola Pública".

No que diz respeito à educação de jovens e adultos, esta versão do projeto manteve, no essencial, o espírito dos legisladores democráticos, que incorporaram as contribuições que a comunidade educacional brasileira aportara aos projetos e substitutivos anteriores (ver, no Anexo I (item 4), a transcrição do capítulo específico).

Enquanto tramitava o projeto originário da Câmara, pela via democrática — isto é, com transparência e discussão com toda a comunidade educacional brasileira e incorporando todas as sugestões de emenda consistentes e que atendiam aos anseios da maioria —, o senador Darcy Ribeiro apresenta o Projeto de Lei n. 67/92, negando, *in limine*, o processo participativo gerador dos demais substitutivos.

No início de 1995, por uma "coincidência" incompreensível e até hoje não explicada, o senador Darcy Ribeiro é designado para relator do Projeto n. 101 — exatamente o substitutivo que antagonizara com seu projeto. Entendemos que, com a aceitação da incumbência, o senador escorregou numa situação, no mínimo, de duvidosa ética. Porém, o mais grave é que o senador argui, em seu parecer, a inconstitucionalidade do substitutivo de Cid Saboia. Vejamos seus próprios termos:

> No que se refere ao Projeto de Lei da Câmara n. 101, de 1993, incumbe-nos alertar para as dificuldades intransponíveis que encontramos no campo da constitucionalidade. Com efeito, encontramos não apenas um ou outro artigo inconstitucional, o que poderia ser sanado por emendas do relator, mas constatamos estar o Projeto, em inúmeros dispositivos de quase todos os capítulos, totalmente eivado de inconstitucionalidades.

Em seguida, após elaborar um quadro sinótico em que dá alguns exemplos dessas "inconstitucionalidades", conclui:

> Destarte, um dos maiores pecados do PLC n. 101/93 é o excessivo e, logicamente, prescindível detalhamento que, para ser sanado, exigirá a supressão de dezenas e dezenas de dispositivos. Assim, diante das incontroláveis [*sic*] inconstitucionalidades que atingem a estrutura do projeto e tendo em vista os problemas que agridem a boa técnica legislativa, não vemos outra alternativa que não a rejeição do PLC n. 101/93. [...] Concluindo, expressamos nosso voto pela rejeição tanto do Projeto de Lei da Câmara n. 101/93, quanto do Projeto Substitutivo do Relator, no que diz respeito à constitucionalidade e à boa técnica legislativa.

E tem a coragem de acrescentar:

> Quanto ao Projeto de Lei da Câmara n. 45, de 1991 (PL n. 2.405-C, de 1989, na Casa de origem), anexado ao PLC n. 101/93, além dos aspectos relacionados ao mérito [dispõe sobre concessão de bolsa de estudo e pesquisa aos pós-graduandos e dá outras providências] que são positivos para a melhoria do ensino no país, conseguimos eliminar o obstáculo de cunho constitucional que estava nele embutido... A técnica legislativa utilizada na elaboração do PLC n. 45/91 e a redação que aperfeiçoamos no substitutivo, aliadas aos aspectos de constitucionalidade e de juridicidade, levaram-nos a emitir parecer favorável e a votar pela sua aprovação, nos termos do Projeto Substitutivo que apresentamos.

E o senador, com um golpe de relatoria, elimina o projeto construído na discussão democrática e resgata seu projeto de lei, dando-lhe primazia na tramitação.

Embora posteriormente, diante das resistências democráticas, o senador tenha alterado seu projeto original — que já está na quinta versão —, não há como justificá-lo, nem muito menos legitimá-lo, face a esse processo legislativo personalista, arrogante e antidemocrático.

Não faz muito tempo, quando de sua passagem por uma "Secretaria Estadual de Assuntos Extraordinários" (não me lembro bem se o nome era este) do governo Newton Cardoso, o grande antropólogo Darcy Ribeiro, em reunião com os secretários municipais de educação do Estado, manifestava explicitamente sua desconsideração para com a capacidade alheia, dizendo que não submeteria seus projetos de "Núcleos Estaduais de Educação Comunitária" (NEECs), réplicas mineiras dos CIEPs, "a um bando de inexperientes e mal informados dirigentes de educação, que não tinham, como ele, não sei quantos anos de experiência e estudo, tendo começado, neste campo, inclusive, com Anísio Teixeira, na época da concepção das 'Escolas-Parque'".

Dentre outros problemas, que não cabe comentar nos limites deste trabalho, o que Darcy Ribeiro dedica em seu projeto de LDB à educação de jovens e adultos é digno dos maiores temores (ver no Anexo II), pois, pela omissão e por seu próprio conteúdo, ele parece confirmar a concepção exarada no artigo publicado há vinte e três anos atrás e mencionado anteriormente.

Em seguida, pela análise crítica comparativa dos dois substitutivos, tentaremos esboçar os componentes de um projeto de educação necessário aos jovens e adultos de nosso país, neste final de século.

A aprovação de nosso primeiro Projeto de Lei de Diretrizes e Bases da Educação (Lei n. 4.024/61) tramitou por cerca de treze anos no Congresso Nacional. Tal demora é atribuída pela maioria dos historiadores da educação à peleja travada entre os defensores da escola pública e os advogados da escola privada. Hoje, a quantidade de interesses em choque, o perfil do Parlamento brasileiro e as necessidades de educação básica, cobradas pela complexidade social crescente, parecem projetar para bem mais tempo a discussão e tramitação do Projeto de Lei de Diretrizes e Bases da Educação. Infelizmente, salvo raras e honrosas exceções, a representação parlamentar brasileira tem tido pouca sensibilidade para a prioridade da educação básica para todos, como fator de desenvolvimento, competitividade internacional e equidade interna, além de suas diversas bancadas — muitas fora das nucleações partidárias — se constituírem em representação institucional de interesses corporativos de grupos minoritários, e não, dos interesses da maioria da população. Assim, será exigida muito mais paciência democrática agora do que foi antes, mesmo porque, qualquer pressa neste momento pode precipitar a aprovação de um projeto que não representa os direitos, anseios, projeções e ideais da maioria.

Muitos têm argumentado que a protelação da aprovação do projeto nascido das bases foi benéfica, porque era um texto legal extenso, detalhista, com dispositivos diversificados e, por vezes, contraditórios. Admitimos mesmo que ele pudesse estar perpassado de inconstitucionalidades. É claro que a diversificação regional e sociocultural do país cobravam um texto mais genérico e mais sintético, que permitisse uma maior flexibilidade e a incorporação dos necessários graus de informalidade. Porém, esta é uma das responsabilidades dos legisladores em uma verdadeira democracia: consolidar, sem contradições, nos textos legais, anseios, aspirações, projeções e ideais variados, por vezes, colidentes, dos diversos grupos sociais de uma sociedade tão ampla e tão diversificada, sem, porém, contrapor-se nunca aos direitos e interesses da maioria. E, quando estes interesses contrariarem dispositivos constitucionais em vigor, a missão da representação parlamentar é modificar a Constituição. Por interesses muito mais segmentários e minoritários vários parlamentares e agentes do Executivo vêm patrocinando *lobbies* por sua reforma.

Como se pode perceber no relatório de Darcy Ribeiro, quando há interesse, faz-se um esforço por escoimar inconstitucionalidades e má formatação legislativa de projetos de lei. Não foi o que ele fez, como relator, ao Projeto n. 45/91, anexado ao "Substitutivo Cid Saboia"?

Infelizmente, escapa aos limites deste trabalho detalhar a análise de outros dispositivos do projeto do senador, para demonstrar também suas inconstitucionalidades. De qualquer modo, é sintomático que ele tenha produzido de sua lavra e apresentado cinco substitutivos.

2. Democracia cultural *versus* eutanásia pedagógica

Retomamos aqui as reflexões que temos feito ao longo dos últimos onze anos sobre a educação de jovens e adultos, nas quais já registrávamos algumas preocupações no mencionado artigo que publicamos na revista *AMAE Educando*. Já escrevíamos àquela época:

> *Atacar as causas e não os sintomas* tem sido o argumento, aparentemente legítimo, de quantos se colocam na *defesa* da erradicação do analfabetismo pela concentração de recursos e esforços no ensino elementar. O *appeal* político desta posição tem seduzido os mais incautos, na medida em que esconde, pelo ataque, desdobramentos cuja explicitação revela seu caráter reacionário. Retirar todo apoio à educação de adultos [leia-se hoje "jovens e adultos"], canalizando-o para a elementar [leia-se hoje "ensino fundamental regular"], significa deixar à morte a incumbência de dar cabo dos adultos analfabetos e "deseducados" como solução natural. *Solução natural* e *rápida*, dada a curta expectativa de vida dos estoques demográficos geradores de iletrados e incultos, acrescentam os defensores dessa verdadeira eugenia cultural.

Os argumentos de Darcy, à época, já não escondiam nem os termos desumanos da argumentação — o que já era de se espantar, saindo da boca e da pena de um antropólogo que tantos serviços prestava ao Brasil, em defesa da causa indígena e dos oprimidos do mundo, em nome de um compromisso socialista —, nem o caráter excludente e elitista das proposições.

Para comprovar a falácia pedagógica e política de tais argumentos, contrapúnhamos as reflexões que a seguir sumariamos.

Não há, na história da educação mundial, qualquer país que tenha tido sucesso na universalização da educação básica de seu povo, que não a tenha estendido o acesso e a conclusão, com sucesso, a todas as faixas etárias de sua população, estivessem elas na idade própria ou não para esse nível de escolaridade. Por outro lado, existem sobejas provas sobre a contribuição da universalização da educação básica escolarizada para a diminuição da mortalidade infantil, para a elevação da taxa média de vida, para o da produtividade do sistema econômico, para a socialização dos processos políticos decisórios... Enfim, não há como negar a relevância da educação básica universalizada para a construção democrática de um projeto de nação desenvolvida, competitiva no concerto internacional e com equidade interna. Uma nação, enfim, em que todos seus cidadãos participem, consciente e responsavelmente, nos seus processos de decisão política; contribuam, de modo eficiente e eficaz, para seus respectivos sistemas produtivos e usufruam, equitativamente, do produto social.

Ao lado deste argumento mais pragmático, há um de ordem mais histórica — diríamos, até mesmo ontológica — e que se refere à humanidade como um todo e à globalidade do processo civilizatório. Imaginemos, inicialmente, que com as primeiras descobertas e invenções do homem primitivo, ele as reservasse ao uso exclusivo de uma minoria — e muitos, certamente, assim agiram, criando as primeiras estratificações sociais e as primeiras estruturas de poder. No entanto, somente quando tais conquistas e invenções se universalizaram, pôde a humanidade sair de um estágio inferior e avançar no processo civilizatório.

Ontologicamente, diríamos que é um contrassenso pensar que a espécie se divide em dois tipos de seres: aqueles que se dedicarão ao trabalho intelectual, agradável, criativo, não repetitivo, humanizante enfim, e os que estarão condenados às tarefas braçais, desconfortáveis, repetitivas e desumanizantes. Assim, só um viés classista discriminatório pode conceber que o ensino superior, por exemplo, deve ser reservado a uma minoria pensante. Se assim tivesse ocorrido nos tempos primitivos, e uma maioria ainda não dominasse o fogo, a roda, as técnicas agrícolas etc., certamente a humanidade ainda estaria habitando as cavernas. Não entendemos por que todos os graus de ensino não devam ser abertos a todos os segmentos de um povo. Para que a humanidade saia das cavernas em que ainda habita, não é suficiente que uma minoria apenas delas se liberte, mas que todos os seus membros saiam para a luz do dia e vejam a realidade, superando a visão das sombras, como dizia Platão na "Alegoria da Caverna". O trabalho, nas suas formas mais antigas — enquanto trabalho animal —, permitiu ao homem superar sua condição primitiva, tornando-o mais pensante, transformando seu esforço físico em trabalho inteligente.

Logo, mesmo abstraindo-nos das questões da justiça distributiva, que nos obrigariam a questionar o porquê de alguns homens estarem eternamente condenados a um trabalho paleolítico, só se pode concluir pessimistamente sobre um futuro de uma sociedade que não tem como meta a universalização de todo seu patrimônio cultural. A generalização do conhecimento gera aspirações que não podem ser atendidas em qualquer modelo de sociedade. Somente projetos políticos formulados e implementados através de ampla participação popular são capazes de, sem traumatismos, satisfazer expectativas criadas pela socialização universal do saber. Contrariamente, com a atual ordem econômica internacional e com a estrutura social nacional vigente em nosso país, a riqueza de alguns se constrói com o subdesenvolvimento e a miséria de muitos. Neste contexto, as propostas educacionais elitistas visam à alienação do povo, propondo falsas questões, como a da inconveniência da universalização do saber e, de modo mais sofisticado e sutil, a exclusão de uma parcela de população "já perdida" para o projeto de nação e para o processo civilizatório.

"Todos sabem", dizia o senador Darcy Ribeiro em 1977, "que a maior parte dos analfabetos está concentrada nas camadas mais velhas e mais pobres da população". E daí ele conclui que erradicação do analfabetismo — ou erradicação dos analfabetos — é questão de uma não demorada espera, porque os "mais velhos e mais pobres [...] pessoal que vive pouco, porque come pouco", logo morrerá. Estancando-se a fonte do analfabetismo, isto é, alfabetizando todas as crianças na idade própria, o sacrifício de algumas gerações (de mais velhos e mais pobres) criará um país, "aí pelo ano 2000", asséptico de analfabetos e de pobres. O raciocínio coloca a dialética de cabeça para baixo, porque, inspirado no messianismo pedagógico tão comum à época da "teoria do capital humano", considera a educação escolar como capaz de eliminar a pobreza dos que ainda não chegaram à velhice, aproximar pobres de ricos, promover o desenvolvimento e permeabilizar o conflito de classes.

E como seu projeto de nova Lei de Diretrizes e Bases da Educação Nacional considera a educação de jovens e adultos?

Ainda que incorporando a expressão "Educação de Jovens e Adultos" no título da Seção IV, do Capítulo II ("Da Educação Básica"), que dedica ao tema, elimina a palavra "trabalhadores", constante dos demais projetos. O reconhecimento de que há jovens — e muitos — analfabetos ou necessitando de escolarização básica já significa um avanço no pensamento do senador. Entretanto, analisando mais detalhadamente sua proposta, percebemos que o "avanço" é apenas retórico. Primeiramente, a importância que o senador antropólogo dá à educação de jovens e adultos pode ser medida no número de artigos (curtos) que consagra ao assunto: apenas dois. Um deles (32) se limita a uma conceituação genérica de educação de jovens e adultos e o outro (33) é consagrado inteiramente aos exames. Em segundo lugar, mantém o caráter "supletivo" deste tipo de ensino, preservando os exames previstos na lei anterior e, simplesmente, não toca nos encargos e responsabilidades do sistema produtivo para com esse subsistema de ensino.

Ora, sabemos que a Lei n. 5.692, de 11 de agosto de 1971, outorgada pelos governos de exceção, ao estabelecer as diretrizes e bases do ensino de 1º e 2º graus, não incluiu os excluídos da escola na idade própria no sistema de ensino, mas criou uma espécie de sistema paralelo, que previa cursos e exames supletivos. Os cursos desdobravam-se em quatro modalidades: suprimento, suplência, aprendizagem e qualificação profissional. Segundo Valnir Chagas, o maior ideólogo da reforma educacional da ditadura, o suprimento era a "versão brasileira da educação permanente" e deveria se constituir no cerne da proposta supletiva (1978, p. 371). Porém, a realidade contrariou a teoria, porque a modalidade suplência — equivalência supletiva da escolarização regular de 1º e 2º graus acadêmica — é que predominou nas demandas e ofertas educacionais neste âmbito.

Do lado da demanda, a insuficiência de oportunidades acumulara um grande contingente de deserdados do credenciamento escolar, crescentemente cobrado pelo mercado de trabalho.

Do lado da oferta, especialmente na rede privada, a suplência aparecia como um promissor mercado de faturamento mais fácil, especialmente nos Estados em que ela foi "regularizada", isto é, formatada como ensino regular de curta duração, com todos os vícios propedêuticos e acadêmicos que caracterizavam aquele ensino, e de custo mais baixo, porque comprimido no tempo e empobrecido na qualidade. Convém destacar que alguns sistemas estaduais enxergaram melhor as potencialidades transformadoras adstritas aos graus de informalidade e abertura dessa modalidade de ensino supletivo e exploraram-nas com mais propriedade. As modalidades aprendizagem e qualificação profissional apresentavam-se como "complementação da escolarização regular", a serem oferecidas, respectivamente, "a alunos de 14 a 18 anos e, a esse nível ou ao de 2º grau, cursos intensivos de qualificação profissional" (art. 27 da Lei n. 5.692/71). Valnir Chagas, numa de suas várias palestras sobre o supletivo, dizia que "o seu fundamento é uma crescente informalidade, por força da qual os critérios de grau, série, conteúdo, programa, sequência e horário, entre outros estabelecidos *a priori*, cedem a um efetivo ajustamento das atividades às conveniências e possibilidades dos alunos para receber a educação e da sociedade para oferecê-la". Entendíamos à época, e continuamos entendendo hoje, que tal *ajustamento* só se torna legítimo e exequível se:

a) os alunos são respeitados como autores da definição de suas conveniências (direitos e necessidades);

b) não se considera os educandos como receptores passivos que a sociedade lhes *oferece*, mas principais protagonistas de sua própria educação; e

c) o reconhecimento das aprendizagens adquiridas, informal e assistematicamente, não tem como parâmetro o inútil ensino da escola para a escola, mas a organização da reflexão crítica sobre as vivências e experiências do cotidiano, transformado em alvo de novas intervenções dos educandos, instrumentalizados pela nova formação.

Abstraindo-nos das intenções do legislador outorgante, o supletivo abria excelentes oportunidades para a substituição da educação consentida pela educação necessária. Em primeiro lugar, cabe recordar que as significações objetivas dos fatos nem sempre correspondem às intenções de seus agentes; em segundo, o governo federal não detalhara muito os instrumentos de implementação desse ensino — certamente porque ele não era sua prioridade — e deixara muitas portas abertas que, infelizmente, alguns Estados encarregaram-se de fechar. Não acreditamos que uma lei opere, exclusivamente pela riqueza de suas virtualidades, as transformações educacionais necessárias. Por isso mesmo, é preciso "estar de plantão" para explorar suas contradições, na maioria das vezes, no sentido contrário de sua intencionalidade original.

Por sua natureza, os cursos voltados para jovens e adultos repelem as uniformizações, as situações-modelo e as estereotipias, pois fundamentam-se na organização de informações e experiências assistematicamente adquiridas, na discussão organizada de vivências na escassez, no ensejo de valorização da autodidaxia, que é a base de qualquer processo científico e político de apreensão da realidade. Numa sociedade de classes, toda comunidade ou camada social tem seus recursos, limites, formas e ritmos próprios de produção de bens para satisfação de suas necessidades, processos específicos de organização social para esta produção e para a distribuição dos bens produzidos e expressões ou formas de representação — mais ou menos alienadas — de toda essa realidade inserida em um contexto mais amplo. Como organização da reflexão sobre os sistemas produtivo, associativo e simbólico das comunidades a que se dirige, o currículo escolar não pode se limitar a uma mera lista de conteúdos, mas a um conjunto de processos que dê conta da abordagem crítica do agir-pensar-sentir de uma comunidade ou classe social, para desencadear novas formas de agir, no sentido dos seus interesses.

Neste aspecto, as fronteiras entre a educação de jovens e adultos se confundem com as do ensino regular voltado para a clientela que está na idade própria. Flexibilidade, variedade e informalidade, entre outros, são os atributos de qualquer projeto educacional que vise à abertura de espaço para todas as formas de representação social.

Retornando ao projeto de Darcy Ribeiro e confrontando-o com a legislação dos regimes de exceção, percebemos que dela ele conservou a parte pior. Primeiramente, enfatiza o caráter compensatório (supletivo e paralelo) da educação de jovens e adultos, sem prever a incorporação de sua cultura auferida nas vivências e experiências específicas. Em três momentos isso aparece com toda a sua explicitude e ênfase: quando estabelece sua teleologia — "a educação de jovens e adultos será destinada àqueles que não tiveram acesso ou continuidade de estudos no ensino fundamental e médio na idade própria" (art. 32) —; quando referencia os programas compensatórios, bem como os exames, à "base nacional comum do currículo" e quando estreita, de novo, a finalidade dessa educação, limitando-a a capacitar os alunos ao "prosseguimento de estudos em caráter regular" (art. 33).

Em segundo lugar, e certamente por causa de sua preocupação com a compensação das formalidades do ensino regular, dá ênfase exagerada aos exames, confundindo o credencialismo com aquisição de conhecimentos, habilidades e posturas. E, neste aspecto, retorna à exigência de mínimos de idade para a conclusão dos exames — maiores de quinze, para o ensino fundamental, e maiores de 18, para o ensino médio. Resta saber se esses mínimos de terminalidade também serão exigidos nos cursos. Nestes, não faz o menor sentido estabelecê-los, mas sim, os mínimos para ingresso.

Finalmente, Darcy fecha sua proposta de educação de jovens e adultos, afirmando que "os conhecimentos e habilidades adquiridos pelos educandos por meios informais serão aferidos e reconhecidos mediante exames". E os alunos que se matricularem em cursos? Terão que se submeter antes a um exame para ingresso? Ou o próprio projeto político-pedagógico da escola fará uma simples sondagem para averiguação do que deve planejar para oferecer aos alunos? Nenhuma palavra dedica o senador à incorporação do saber popular no tratamento curricular das escolas que oferecerem educação de jovens e adultos. E aí o político distancia do antropólogo cuja trajetória tem sido a de uma veemente denúncia da violência simbólica e do desrespeito pelo processo civilizatório dos povos indígenas e de um aguerrido combate pela defesa de seus processos "adaptativo-associativos-simbólicos", como tão bem conceitua em sua obra *Os brasileiros: 1. Teoria do Brasil* (1978).

Já o substitutivo ao Projeto de Lei da Câmara, do senador Cid Saboia de Carvalho, dá um tratamento mais adequado à questão, na medida em que prevê a eliminação do caráter de sistema paralelo que lhe foi conferido pela Lei n. 5.692, de agosto de 1971. Respeitando o espírito do texto aprovado na Câmara, que é uma verdadeira consolidação do que a sociedade brasileira indicou, na ampla mobilização e participação de todos os seus segmentos na discussão do projeto, prevê a "Educação Básica de Jovens e Adultos Trabalhadores" como parte constitutiva do sistema educacional brasileiro; determina o atendimento dos jovens e adultos trabalhadores com "oferta regular de ensino noturno, entendido como tal o oferecido a partir das dezoito horas, nos mesmos padrões de qualidade do ensino diurno e em escola próxima do local de trabalho ou residência" (art. 47, parágrafo único, inc. II); permite o "acesso a qualquer série ou nível, independentemente de escolaridade anterior, sem restrições de idade máxima, mediante avaliação dos conhecimentos e experiências..." (idem, III); elege a prática social do trabalho como centralidade dos conteúdos curriculares e uma "metodologia de ensino-aprendizagem adequada à maturidade e experiência do aluno" (idem, IV); prevê a necessidade de flexibilidade na organização escolar para atendimento desse tipo especial de clientela (idem, VI); exige professores especializados para este tipo de ensino (idem, VII); determina o oferecimento à clientela de programas de apoio de alimentação, saúde, material escolar e transporte (idem, VIII), além de permitir outras modalidades de ensino que melhor atendam aos jovens e adultos trabalhadores nas suas especificidades (idem, IX). Finalmente, determina a responsabilidade dos empregadores públicos no cumprimento das normas legais e na promoção da escolarização de trabalhadores e indica os instrumentos de mediação que o poder público deve usar para que as responsabilidades que lhe são adstritas neste particular sejam também extensivas aos empregadores privados. Finalmente, com vistas à diversidade regional, local e sociocultural das inúmeras regiões do país e das camadas sociais de sua população, abre a porta para as adaptações necessárias, tanto quando deixa aos respectivos sistemas de ensino sua regulamentação mais minuciosa, como quando permite a organização de "outras formas e modalidades de ensino que atendam a demandas dessa clientela nas diversas regiões do país" (art. 47, parágrafo único, inc. IX).

3. Conclusões

A Educação de Jovens e Adultos se inscreve no universo da chamada "Educação Popular" e, como tal, tanto pode derivar de iniciativas estatais ou particulares, conservadoras ou transformadoras, porque sua substância e centralidade estão no atendimento das camadas populares. Celso Beisiegel (1989) despertou muita polêmica com esse conceito, porque, segundo ele, muitos consideravam como "popular" apenas o tipo de educação que defendiam e disseminavam. A virtude dessa concepção está na constatação de que a finalidade — atendimento às camadas populares —, independentemente da intenção de seus autores (estatais ou comunitários, progressistas ou conservadores), gera, objetivamente, com a ampliação das redes e do acesso, transformações estruturais no interior do sistema educacional e da instituição escolar. Se os objetivos da escolarização ampliada não respondem aos interesses da "consciência para si" das camadas populares, ou até mesmo trabalham por sua alienação, é outra discussão. No entanto, segundo esse autor, nem a ampliação da cobertura, nem a discussão da adequação dos procedimentos escolares aos direitos e interesses das camadas populares seriam colocados em debate. E ele estava com a razão: assistimos hoje a uma inflexão dos movimentos comunitários de educação popular, retomando a importância da escola pública, geralmente subestimada nas décadas anteriores, como solução para este tipo de educação e não classificada como instituição de educação popular.

Fizemos toda esta reflexão para destacar, nos termos do conceito de Beisiegel, a necessidade de avanços, tanto no sentido da ampliação da cobertura das populações ainda marginalizadas da escolarização, quanto no de qualificar, pedagogicamente, a "educação popular" voltada para os interesses populares. E o momento legislativo é rico em virtualidades, pois a gestação do projeto de LDB, com todas as dificuldades arquitetadas nas manobras elitistas e reacionárias, é rica em virtualidades propiciadoras desses avanços.

Queremos destacar, primeiramente, que não se pode perder a oportunidade de se definir, de uma vez por todas, a educação de jovens e adultos como parte constitutiva do sistema regular de ensino que propicia a educação básica, no sentido da prioridade de que ele deve ser alvo, com todos seus componentes estruturais, por parte das autoridades e da população. Por outro lado, há que se destacar a qualidade de que deve se revestir a educação de jovens e adultos. Ela não pode ser colocada paralelamente ao sistema, nem como forma compensatória, nem como forma complementar, mas como modalidade de ensino voltado para uma clientela específica.

Tem havido uma feliz coincidência entre os interesses da classe trabalhadora e os da classe empregadora quanto à escolarização: educação geral para todos. É evidente que os empresários não se converteram de uma hora para outra às bandeiras secularmente defendidas por seus opositores. As modificações aceleradas no sistema produtivo, com a reconversão tecnológica, os novos materiais e a informatização estão a exigir novo tipo de "treinamento" dos trabalhadores. Eles necessitarão, cada vez mais, flexibilidade no comportamento produtivo, capacidade de aprender a aprender, comunicabilidade. É claro também que circunscrever as finalidades da educação básica de trabalhadores aos reclamos do sistema produtivo significa restringi-la e empobrecê-la. É bom que se atente para o termo que usamos acima: "coincidência".

Os interesses últimos dos trabalhadores não estarão objetivados apenas no caráter "adestrativo" e instrumentalizador que a educação geral possa ter, mas nas perspectivas que ela abre para a visão de mundo crítica. Esta possibilidade é uma das contradições a que os detentores do capital têm de incorrer, se quiserem manter a acumulação e expandi-la. Eles não têm como "não correr o risco" não calculado dos efeitos desse dialético funcionamento do modo de produção capitalista hodierno. Por isso, mais do que nunca, a educação básica de jovens e adultos trabalhadores se coloca como uma das mais estratégicas formulações para a possível transformação e, no limite, revolução da sociedade injusta, discriminatória, meritocrática e elitista em que vivemos.

Engajar-se na luta pela aprovação do "Substitutivo Cid Saboia" — com todas as suas limitações — ou forçar o senador Darcy Ribeiro a fazer tantos substitutivos quantos sejam necessários à incorporação dos consensos democraticamente criados e já consignados no primeiro é responsabilidade de todos que têm compromisso com aquela transformação (ou revolução).

4. Anexo I — "Da educação básica de jovens e adultos trabalhadores" (Cap. XI do Substitutivo "Cid Saboia")

> Art. 47. A educação básica pública oferecerá alternativas adequadas às necessidades da população trabalhadora jovem e adulta, que serão reguladas pelo respectivo sistema de ensino.
>
> Parágrafo único — As alternativas referidas neste artigo incluirão, no mínimo:
>
> I — disponibilidade de aparelhagem e demais condições para recepção de programas de tele-educação no local de trabalho, em empresas e órgãos públicos com mais de 100 (cem) empregados.
>
> II — oferta regular de ensino noturno, entendendo como tal oferecido a partir das dezoito horas, nos mesmos padrões de qualidade do diurno, e em escola próxima do local de trabalho ou residência.
>
> III — alternativas de acesso a qualquer série ou nível, independentemente de escolaridade anterior, sem restrições de idade máxima, mediante

avaliação dos conhecimentos e experiências, admitida, quando necessária, a prescrição de programas de estudos complementares em paralelo.

IV — conteúdos curriculares centrados na prática social e no trabalho e metodologia de ensino-aprendizagem adequada ao amadurecimento e experiência do aluno.

V — matrícula facultativa em educação física, no período noturno.

VI — organização escolar flexível, inclusive quanto à matrícula por disciplina e a outras variações envolvendo os períodos letivos, a carga horária anual e o número de anos letivos dos cursos.

VII — professores especializados.

VIII — programas sociais de alimentação, saúde, material escolar e transporte, independentemente do horário e da modalidade de ensino, financiados com recursos específicos.

IX — outras formas e modalidades de ensino que atendam a demandas dessa clientela, nas diferentes regiões do país.

Art. 48. O poder público viabilizará e estimulará o acesso e a permanência do trabalhador na escola, mediante ações integradas e complementares entre si, que incluirão:

I — ações junto aos empregadores, mediando processos de negociação com os trabalhadores, fiscalizando o cumprimento das normas legais, e criando incentivos e estímulos, inclusive de natureza fiscal e creditícia, para as empresas que facilitem a educação básica de seus empregados.

II — ações diretas do Estado, na condição de empregador, por si e por suas entidades vinculadas e empresas públicas.

Parágrafo único — O valor das bolsas de estudo e outros benefícios educacionais, concedidos pelos empregadores a seus empregados, não será considerado, para nenhum efeito, como utilidade e parcela salarial, não integrando a remuneração do empregado para fins trabalhistas, previdenciários ou tributários.

5. Anexo 2 — "Da educação de jovens e adultos" (Seção IV do Substitutivo "Darcy Ribeiro")

Art. 32. A educação de jovens e adultos será destinada àqueles que não tiveram acesso ou continuidade de estudos no ensino fundamental e médio na idade própria.

Parágrafo único — Os sistemas de ensino assegurarão aos jovens e aos adultos, que não puderam efetuar os estudos na idade regular, oportunidades educacionais apropriadas, levando em conta as características do alunado, seus interesses, condições de vida e de trabalho, mediante cursos e exames.

Art. 33. Os sistemas de ensino manterão cursos e exames supletivos que compreenderão a base nacional comum do currículo, habilitando ao prosseguimento de estudos em caráter regular.

§ 1º Os exames a que se refere o *caput* deste artigo se realizarão:

a) ao nível de conclusão do ensino fundamental, para os maiores de quinze anos;

b) ao nível de conclusão do ensino médio, para os maiores de dezoito anos.

§ 2º Os conhecimentos e habilidades adquiridos pelos educandos por meios informais serão aferidos e reconhecidos mediante exames.

SEGUNDA PARTE

Formação do educador

5

Compromissos do educador de jovens e adultos

José E. Romão
SECRETÁRIO GERAL DO IPF

Salvo experiências inovadoras localizadas, a educação brasileira, particularmente a educação de jovens e adultos, está anestesiada e, por causa das agressões sofridas recentemente, a caminho de um choque anafilático.

Para recuperá-la, só contrapondo um choque triplo, que atue sobre as três dimensões do sistema de ensino: política, gerencial e pedagógica. Em cada uma delas, o professor do ensino básico tem uma parcela importante de responsabilidade, mormente na última. Embora a dimensão pedagógica seja a mais relevante, o compromisso do professor não pode a ela se restringir.

Na atuação pedagógica deve ser acrescentada a dimensão educativa, que lhe é imputada por força de sua própria definição institucional. O professor é um educador... e, não querendo sê-lo, torna-se um deseducador. Professor-instrutor qualquer um pode ser, dado que é possível ensinar relativamente com o que se sabe; mas professor/ educador nem todos podem ser, uma vez que só se educa o que se é!

Em síntese, parecem pequenos e frágeis os ombros do professor, face às dimensões, ao peso e à complexidade do fardo a suportar: tirocínio político, capacidade gerencial e competência pedagógica — agravada com a responsabilidade educativa.

Há um relativo acordo quanto à insuficiência de uma visão e intervenção setorizadas. É que, ao lado dos fatores intraclasses e intraescolares, é facilmente comprovável a interferência dos fatores extraclasses e extraescolares (e até extrassistema) no rendimento do processo ensino-aprendizagem. Porém, não parece haver consenso quanto aos indicadores de eficácia e qualidade, nem quanto às intervenções necessárias do professor, para que o sistema de ensino se ajuste a um modelo que contribua para o desenvolvimento econômico com justiça social, a exemplo do que vem ocorrendo em outros países.

A título de introduzir as reflexões/indagações que iremos fazer, queremos levantar algumas questões, originadas, talvez, de preocupações e de dificuldades pessoais; ou, quem sabe, procedentes também na comunidade educacional como um todo. E, se não o forem, justifica-se sua comunhão, na medida em que nenhum conhecimento, reflexão ou questão são pessoais, e só têm razão de ser, quando coletivizados e reconstruídos no debate.

1. Por que, conquanto presente em todos os discursos, propostas programáticas e intenções governamentais proclamadas, a prioridade da universalização da educação básica carece de consenso, na prática, entre nós?

2. Por que a educação de jovens e adultos, seus problemas, suas mazelas e suas conquistas não constituem sequer matéria dos "mass media"?

3. Por que as lutas do movimento docente, mesmo que despertem simpatias localizadas e pontuais, não conseguem a mobilização generalizada da opinião pública a seu favor? Não construímos, ou perdemos, a capacidade de articulação com a sociedade? Não será porque

nos omitimos em relação à inclusão dos excluídos, no sistema educacional, e eles constituem a maioria?

4. No mercado de recursos, por que não conseguimos impor competência na disputa com outros setores demandantes, tendo uma legislação favorável ao setor?

5. Por que os profissionais de outras áreas invadem impunemente a da educação, sem encontrarem qualquer legítima resistência corporativa?

Já na formulação das questões revelam-se o compromisso político e a ideologia de seu autor, bem sabemos. Por outro lado, como dizia Péricles para os atenienses durante a Guerra do Peloponeso, homenageando os soldados que deram a vida pela cidade: "É árduo falar com propriedade de um tema sobre o qual é difícil convencer os ouvintes de que você está falando a verdade. Por um lado, os que estão familiarizados com cada detalhe do assunto podem pensar que algum ponto não foi desenvolvido com a amplitude que desejam e que ele merece; por outro, o que desconhece a matéria pode, conduzido pela inveja, suspeitar exagero, se ouve algo sobre sua própria natureza. É que os homens suportam ouvir elogios a outrem somente quando se convencem de sua própria capacidade para ações iguais: quando isso não ocorre, a inveja emerge e, com ela, a incredulidade" (Tucídedes, 1940, p. 120).

De qualquer modo, ainda que muitos pontos do tema que vamos enfocar estejam exaustivamente debatidos na literatura pedagógica, entendemos ser oportuna sua abordagem, tanto por uma tentativa de síntese, quanto por uma perspectiva diversa das já feitas.

1. O professor educador

Não gosto das expressões "profissionais da educação" ou "profissionais do ensino", porque nelas perdemos a dimensão mais importante do nosso perfil sócio-histórico. Mesmo correndo o risco de cair numa armadilha "ideológica autoprotetora e autovalorativa, de uma revanche conformista", como afirma determinado autor (Haguette, 1990, p. 45), penso que devemos resgatar a dimensão educativa de nosso trabalho, pois, também entendemos que o ser educador não nasce ontologicamente com a pessoa nem depende de um despertar mágico ou de uma iluminação súbita da consciência para um compromisso até então ausente de um projeto de vida.

A língua portuguesa não dá conta de exprimir com precisão o que de fato ocorre na realidade: em vez de **ser**, é **sendo**. Ninguém é educador. Alguém torna-se educador (ou deseducador) no decorrer da existência, no incessante processo de estruturação/desestruturação/reestruturação dos equilíbrios pessoais e coletivos provisórios, na teia das relações sociais, no fluxo permanente das interações entre teoria e 'práxis'.

Não é por outra razão que todo debate em torno da formação do educador e do exercício da função educativa tem esbarrado na dificuldade da persistência da velha "tendência em manter indefinida e imprecisa a 'primeira' e, ao mesmo tempo, manter a inadequação entre sua formação e a função exercida" (Silva, 1992, p. 8, citando Inep, 1980, p. 19).

Representando a expressão legal do pensamento oficial, o Instituto Nacional de Estudos e Pesquisas Educacionais (Inep) deixa entrever a não percepção de que a formação do educador depende muito mais de sua inserção no social e no político do que numa boa reformulação dos currículos e de cursos.

De um modo genérico, todo ser humano é/sendo, numa certa medida, educador/deseducador. Porém, o professor o é/sendo institucionalizado, uma vez que estabelece relações metódicas, formais e sistemáticas com outros seres humanos, na qualidade de orientador (dirigente) e com a mediação do saber. Assim, "não é possível dicotomizar o professor do educador, sendo aquele uma forma determinada e histórica de ser educador" (Silva, 1992, p. 11).

Enquanto o saber sistematizado, com densidade epistemológica, pode ser adquirido em cursos, treinamentos e capacitações, o ser educador vai se construindo com o saber adquirido na teia das relações historicamente determinadas, que vão construindo as dúvidas, perplexidades, convicções e compromissos. Por isso, não há como fugir de uma análise da inserção do professor na sociedade concreta, abordando todas as dimensões de seu papel — atribuído ou conquistado. E não se trata de qualquer professor e de qualquer sociedade; trata-se do educador de jovens e adultos, na sociedade brasileira, no final do século XX.

2. Dimensão política

De um lado, há os que, inspirados em filosofias generosamente coletivistas, acreditam no martírio pessoal como pressuposto necessário, neste momento histórico da sociedade brasileira, para a conquista da equidade em futuro próximo. De outro, existem os que, convencidos pelas teorias individualistas, buscam a autorrealização, entendendo que a felicidade pessoal é produto a ser adquirido no mercado da existência humana. É bom lembrar que o "nós" não é somatório de "eu" e "tu" — nem mesmo gramaticalmente —, como não é uma realidade etérea e transcendente às pessoas que o constituem. É uma transindividualidade, em constante processo de estruturação e que, não sendo a mera soma dos indivíduos, é a resultante, qualitativamente superior, de sua interação ativa. Neste sentido, devemos nos convencer de que todo empenho pela causa da educação básica não pode ser álibi de um sofrimento pessoal, em favor da construção de uma sociedade melhor para as gerações futuras, nem substitutivo de outras institucionalidades, construídas pelas relações fora do sistema escolar. É muito triste constatar que, considerando a predominância de mulheres no ensino, mais especialmente nos primeiros graus de escolaridade, "algumas delas encontram no magistério uma alternativa de sublimação para a maternidade frustrada..." (Novaes, 1984, p. 105). Tal empenho só se justifica como ato de prazer, portanto, como motor de construção de uma sociedade melhor agora, ou com a perspectiva de ser completada em nossa existência! Sem cair no viés analítico, ninguém pode contribuir para a construção de uma sociedade melhor, se não estiver bem consigo mesmo; e ninguém pode estar bem consigo mesmo, se não perceber a possibilidade concreta de alcançar o usufruto do mundo melhor, de cuja construção participa.

Por outro lado, o projeto pessoal excludente também não possibilita a felicidade, pois este estado só permite seu gozo quando partilhado. É por isso, por uma necessidade ontológico-histórica do ser humano, que a possibilidade de uma sociedade mais feliz só se afirma na universalização do patrimônio cultural, numa mesma geração.

Essa reiteração sobre a felicidade em uma reflexão sobre a educação justifica-se por causa de seu banimento das escolas. Quando a escolha da carreira de Professor se dá como compensação de outros relacionamentos frustrados, seja por relações conjugais mal resolvidas, seja drible a outras opções profissionais, seja como lenitivo para consciências incomodadas, seja como substitutivo de qualquer envolvimento afetivo, e não como uma opção de vida, presta-se um desserviço à realização pessoal e coletiva.

Pela educação, queremos mudar o mundo, a começar pela sala de aula, pois as grandes transformações não se dão apenas como resultantes dos grandes gestos, mas de iniciativas cotidianas, simples e persistentes. Portanto, não há excludência entre o projeto pessoal e o coletivo: ambos se completam dialeticamente.

Assim, a dimensão política do trabalho do professor se dá em três direções: uma para o sistema, outra para a própria categoria e, finalmente, a última para a comunidade, corporificada diretamente nos alunos.

2.1 Dimensão política na relação com o sistema

Na conjuntura atual, não há como atuar nesta relação adequadamente, se não se assumir a Pedagogia da Indignação.

De fato, não há como ser consequente em um país que se apresenta como uma das maiores economias mundiais, que optou por uma generosa legislação, no que diz respeito à prioridade e ao financiamento da educação básica, cujas autoridades são unânimes em proclamar sua prioridade — embora hoje, explicitamente a ameacem com o Projeto de LDB, conforme esclarecemos em outro texto deste livro —, e ainda apresente o espetáculo educacional vergonhoso no contexto de uma estrutura social das mais injustas do globo. Somos a primeira pior distribuição de renda e detemos quase um terço de todos os analfabetos da América Latina e Caribe.

Ora, se temos tal posição no *ranking* das economias mundiais, nosso problema não deve ser falta de recursos, como reiteram as autoridades e os proprietários de escolas.

Seria então falta de *know-how* pedagógico, de competência de nossos educadores e administradores? Não parece. Neste particular, apresentamos, sem qualquer "patriotada", um dinâmico, variado e produtivo pensamento educacional que, inclusive, faz escola e é aplicado com sucesso em outros países. Na Conferência Mundial sobre Educação para Todos, realizada na Tailândia, em março de 1990, não só o pensamento pedagógico brasileiro foi referência, como as experiências apresentadas como inovadoras, por representantes de outras nações, de um modo ou de outro, já foram experimentadas em nosso país. Carecemos, é verdade, de memória, pois, na maioria das vezes, experiências de sucesso se perdem, por falta de uma socialização mais ampliada. Não é à toa que tivemos durante muito tempo uma Fundação Pró-Memória, que, na realidade, deveria ser substituída por uma "Fundação Contra-Amnésia"...

Já destacamos em outro trabalho esta questão (Romão, 1991, p. 218 ss), mas nunca é demais repetir que nosso problema não está ligado à falta de recursos nem à falta de competência pedagógica; suas raízes estão na falta de vontade política, cuja construção depende de intervenções aguerridas da categoria. Daí a sagrada indignação que deve nortear nosso comportamento, na relação com os definidores de políticas, com os alocadores e distribuidores de recursos, com os executores de programas.

Embora estejamos vivendo no bojo de uma recessão, não se justifica o descumprimento da lei, por exemplo, na aplicação de recursos vinculados à função ensino. Nem o governo federal, nem os estaduais, nem os municipais estão destinando os percentuais previstos no art. 212 da Constituição, nem respeitando o que dispõe o art. 60 do Ato das Disposições Constitucionais Transitórias. Em uma democracia, quando uma legislação não é cumprida, há que se acionar o Ministério Público, por um lado; por outro, há que se trabalhar na organização da sociedade civil, para que os mecanismos e instrumentos de responsabilização e punição sejam acionados.

2.2 Dimensão política na relação com a categoria

"Uma andorinha não faz verão", afirma, com muita propriedade, o ditado popular. A Pedagogia da Indignação que, neste final de século, no Brasil, deverá ter como grande aliado o Ministério Público e as organizações da sociedade civil, adotada isoladamente, torna-se um grito de desespero e perde toda sua eficácia.

Portanto, o primeiro compromisso político do professor é com a mobilização e organização do conjunto da categoria, cujos objetivos não podem se limitar às reivindicações corporativas. Estas devem estar articuladas a projetos de expansão quantitativa e qualitativa da educação básica, pois sua legitimidade só se constrói no interior de um projeto pedagógico comprometido com a transformação social, no sentido dos interesses da maioria da população.

Cabe aqui abrir parênteses: não se pode esquecer, no momento da luta, de que somos educadores. É necessário ultrapassar, nas greves, por exemplo, a "síndrome de metalúrgico". Os movimentos docentes, por mais justos que sejam, por mais aguerridos que se manifestem, não podem perder sua dimensão educativa. Podemos ser apenas "ensinadores", em determinadas circunstâncias, mas somos educadores em todos os momentos de nossa vida! Determinados gestos, atitudes, palavras de ordem e condutas são incompatíveis com a nossa condição; bem como é necessário identificar com clareza os aliados e os adversários. Especialmente na escola pública, os alunos têm sido as grandes vítimas de nossos movimentos reivindicatórios.

Refletir sobre as funções do educador, rever estratégias de ação, trocar experiências, propor políticas e até mesmo assumir a Pedagogia da Indignação, só é eficaz no coletivo, pois as atitudes isoladas, além do enfraquecimento da ação, podem gerar a arrogância ou se transformar numa lamentação, que ninguém toma a sério.

Solidariedade com a categoria e a necessidade de esta voltar-se para a análise de seu papel e de suas relações com a sociedade civil são palavras de ordem nos dias que correm. Do que mais necessitamos nesse momento é de clarividência. E esta só pode ser adquirida com muito estudo e muita militância.

> O problema de formação do educador de caráter exclusivamente pedagógico mostra-se inconsistente, adquirindo relevância quando ligado à função desse educador como agente político no contexto da proposta de uma educação que una a atividade pedagógica às lutas das classes (Silva, 1992, p. 13-14).

2.3 Dimensão política na relação com o aluno

Não há como separar essa direção da dimensão política da própria dimensão pedagógica do papel do professor. Neste item, portanto, já estaremos desenvolvendo as reflexões relativas à dimensão que trataríamos por último.

Muito se tem falado e escrito sobre a necessidade de "politização do ato pedagógico". Alguns educadores desavisados entenderam que se tratava de transformar a cátedra numa tribuna ou num palanque e, levando a atitude ao extremo, abandonaram os conteúdos e os objetivos da escola básica, para transformarem todo seu "plano de curso" num discurso sobre a ideologia e a luta de classes, tornando temas tão importantes verdadeiros biombos da incompetência.

Então, como politizar o ato pedagógico?

Numa perspectiva freireana, significa, primeiramente, nos planos de curso — geralmente meros programas de série —, levar em consideração, como elemento de entrada, o aluno, isto é, os códigos culturais e as necessidades específicas da clientela a que se dirige o ato pedagógico. Em segundo lugar, implica a contextualização desses códigos, no conjunto mais amplo das relações socioculturais.

Para dar alguns exemplos:

1º) Se, no ensino da lecto-escrita da língua materna, digo a um aluno que uma expressão por ele usada "está errada", porque, de fato, ela está em desacordo com a gramática, corro o risco de lhe incutir a ideia de que todos em sua comunidade específica estão errados, pois expressam-se do mesmo modo. Se, por outro lado, aproveito a oportunidade para, demonstrando a expressão erudita correspondente, entabular uma discussão com o grupo sobre o significado político dos falares sociais e suas implicações nas relações de poder, estou politizando o ato pedagógico.

2º) Tem sido lugar-comum entre os pedagogos progressistas a noção de que se deve respeitar os códigos culturais locais e sociais, em respeito ao princípio destacado no item anterior. Os pontos de partida são diversos, mas o de chegada deve ser comum, independentemente de se estar trabalhando com crianças, adolescentes e adultos da metrópole ou das pequenas comunas, de classes sociais abastadas ou pobres, se da zona urbana ou da zona rural. Não se trata de manter os alunos no nível cultural em que se encontram: o que significaria acentuar, especialmente para as camadas dominadas, a discriminação já imposta pelas determinações sociais. Assim, na alfabetização do seringueiro, se devo respeitar os padrões culturais em que a presença da selva, da água e da cultura indígena é relevante, certamente terei de discutir com ele as questões da cotação da borracha nos mercados mundiais, para que ele adquira o instrumental necessário à resistência ao atravessador.

A politização do ato pedagógico tem relação íntima com a questão da recuperação da funcionalidade do saber escolar, isto é, a recaptura da instrumentabilidade do que é desenvolvido na sala de aula para o projeto de vida do aluno. É a perda dessa funcionalidade que provoca a evasão, a repetência, o desinteresse, a apatia do alunado, mormente entre os jovens e adultos que trazem para as relações pedagógicas uma série de experiências, vivências e saberes construídos na luta cotidiana pela sobrevivência, sem falar da incorporação da ideia de que os conteúdos e habilidades a serem adquiridos servem apenas para responder às avaliações propostas.

Podemos fazer a grande revolução da educação brasileira, independentemente das alterações na legislação ou do sistema, se, no dia a dia do trabalho, conciliarmos o compromisso — construído com nossos princípios de liberdade e equidade — com as camadas oprimidas da população e com as estratégias arquitetadas a partir de uma leitura da realidade.

Ou, de um modo mais simples, se em todas as aulas, sempre nos colocarmos as questões "para quem estou ensinando", "por que planejei minha aula dessa forma" e "para que projeto de sociedade estou trabalhando", tenho a certeza de que estaremos iniciando a grande revolução pedagógica que o juiz da História cobrará desta geração de educadores.

E para não ficar apenas no cotejo dos conteúdos escolares e os códigos culturais locais e sociais, necessita-se estender a reflexão sobre todas as relações do professor com o aluno.

Sem considerar as distorções introduzidas por contextos adversos e abstraindo as decorrentes de sua inserção mais ampla na tessitura social, as funções precípuas do professor podem ser, sinteticamente, situadas em quatro campos, a saber:

a) Conhecimento;

b) Didática;

c) Relacionamento; e

d) Avaliação.

Há autores que, certamente inspirados na praxe escolar brasileira, levantam ainda o campo da Disciplina, isto é, o do controle sobre as condutas dos discentes, desvinculando-o dos campos do Relacionamento e da Didática. Nunca é demais relembrar que problemas de disciplina, na maioria das vezes, resultam de concepções autoritárias de relacionamento ou são corolários de procedimentos didático-pedagógicos equivocados. Não chegaríamos ao extremo de dizer que "não existem problemas de disciplina, mas apenas de didática", como afirmou certa vez Lauro de Oliveira Lima, mas não se pode ignorar a conexão íntima entre esses campos.

Constando, porém, que as funções variam de acordo com a concepção pedagógica que fundamenta todo o trabalho do Educador e reduzindo tais concepções às manifestações mais ocorrentes em nossa realidade educacional, temos o seguinte quadro:

3. Concepções educacionais e suas implicações na relação pedagógica

Campos	**Concepções**		
	Autoritária	*Democrática*	*Anárquica*
Conhecimento	Informação Ensino Leis Científicas Conteúdo	Formação Ensino/Aprendizagem Processos Objetivos	Omissão Aprendizagem Espontaneísmo Desejos
Didática	Professor Ativo Aluno Passivo Unidade-Programa	Professor Ativo Aluno Ativo Unidade-Didática	Professor Passivo Aluno Ativo
Relacionamento	Controle Imposição Insegurança Hierarquia Consenso	Persuasão Negociação Segurança Competência Conflito	Permissividade Confusão Indiferença Anarquia Dissenso
Avaliação	Classificatória Periódica Quantitativa	Diagnóstica Permanente Qualitativa	Formativa Pós-Escolar Qualitativa

É bom lembrar que muitos analistas e pedagogos colocariam a avaliação como integrante do campo da didática. Porém, como a questão da avaliação tem sido o nó górdio da educação brasileira e, através dela, pode-se recuperar a discussão dos objetivos, das metodologias, das técnicas, dos procedimentos didático-pedagógicos, dos recursos e do próprio perfil do aluno, penso que ela mereça um campo à parte. Além disso, a avaliação de desempenho docente e institucional ultrapassa os limites da didática. E não há como desatrelar a avaliação do rendimento escolar do aluno da avaliação do desempenho do professor e da instituição escolar, dado que o fracasso ou o sucesso do primeiro é o reflexo do êxito ou da derrota dos segundos.

Como têm afirmado, reiteradamente, alguns autores, precisamos superar a "cultura da repetência" — eu diria, a cultura do fracasso escolar — proclamada como indicador da qualidade da escola e do professor exigente, e restaurar a cultura do sucesso do aluno, como reflexo do trabalho competente de uma instituição e de um profissional voltados para a profunda e efetiva transformação social.

3.1 Concepção autoritária

Na concepção autoritária, o professor se coloca como o único detentor do conhecimento, cuja missão é repassar todas as informações, todo o conteúdo — *esgotar o programa ou livro adotado, de capa a capa* — para os alunos, que se apresentam àquele, com suas inteligências, como uma página em branco. Daí, é preciso ensinar [...] e ensinar significa transportar axiomas, postulados, leis científicas e informações para a cabeça dos discentes.

Lembro-me de um colega de turma, na 1ª série do 2º grau que, numa metáfora perfeita, definiu a natureza da maioria das aulas que tínhamos:

Observe a cesta de lixo: nela acumulamos papéis até enchê-la totalmente. E quando não há mais espaço, pressionamo-los para que caiba mais papel na cesta. Depois, se a viramos de cabeça para baixo, não cai nenhum. Assim fazem os professores conosco: enchem nossa cabeça com tantas informações que, na hora da prova, não sai nada...

Há nessa concepção uma preocupação exagerada com os conteúdos, como se todos fossem necessários ao projeto de vida do aluno e como se a aula fosse o único momento e instrumento adequado para sua aquisição.

Didaticamente, o professor autoritário impõe um ritmo frenético à sua própria atividade e espera que os alunos absorvam, com uma passividade frenética, os conhecimentos por ele demonstrados. Como princípio fundamental, os *procedimentos didáticos* reduzem-se a uma exposição sem fim, de um lado; de outro, a uma audição interminável, acompanhada de anotações mecânicas, pois não há tempo para que o aluno reflita sobre o que está anotando. A maioria das aulas se transforma num ditado — no fundo, cópia de um texto oral. Quando o professor tem boa verbalização (discurso coerente, consistente e claro), a aula torna-se suportável; quando ele apresenta dificuldade de expressão, ela transforma-se numa tortura intelectual: o aluno tenta anotar o que ouve e não entende o que está ouvindo. Ocorre, então, um processo mais ou menos semelhante ao de alguém que assiste a um filme com legendas: "lê-se" o filme, não se ouve a trilha sonora nem se aprecia a beleza das imagens. É muito comum a angústia dos alunos, expressa na ansiedade de anotarem até os *suspiros do professor* — especialmente daquele que, mesmo exigindo a aquisição do livro didático, não leva os alunos a utilizá-lo e cobra, nas verificações da aprendizagem, *tudo o que foi dado em aula.*

Na maioria de nossas escolas, os alunos nem *assistem* às aulas; ouvem-nas. Aliás, *assistir às aulas* já é uma expressão denotativa da cultura da passividade imposta ao discente.

Ainda que haja, generalizadamente, uma denúncia da burocratização do ensino, os professores autoritários continuam atendendo, passivamente, muito mais às exigências fiscalizadoras dos órgãos intermediários, do que às necessidades dos alunos. Nas famosas *semanas de planejamento* — quase sempre anteriores aos primeiros contactos com os discentes —, formulam-se os *planos de curso* que, na maioria das vezes, são meros elencos sequenciais de conteúdos programáticos. Raramente articulam conteúdos, objetivos e procedimentos e, muito menos, referem-se ao curso como um todo (integração vertical). Na verdade, reduzem-se a simples **programas de série**, além de não levarem em conta a realidade dos alunos e seus conhecimentos adquiridos em outros meios, dificuldades pré-requisitais, códigos próprios etc.

O *plano de curso* apresenta-se como uma entidade autônoma de dependências internas (unidades-programa), que pouco ou nada têm a ver com as demais séries, anteriores e posteriores, nem, muito menos, com a vida do aluno.

No que diz respeito ao Relacionamento, a raiz da imposição, do controle, da preocupação com a hierarquia e a busca do consenso está na insegurança do professor. Valendo-se de uma definição institucional da autoridade, estabelece uma relação com os alunos em que o respeito mútuo não se constrói no reconhecimento das diferenças igualitárias, mas nas distinções hierarquizadoras.

Finalmente, a concepção autoritária do ensino busca na avaliação classificar periodicamente os alunos, através de quantidades de conhecimentos adquiridos nos interstícios da aplicação dos instrumentos de medida, estendendo-lhes o princípio hierarquizador. E se hoje baniram-se fisicamente os *quadros de honra* dos lugares de destaque e mais estrategicamente visíveis da escola, eles são mantidos na relação discriminatória dispensada aos *alunos especiais*. Há um quadro de honra oculto na escola brasileira, ainda!

3.2 Concepção anárquica

"[...] renunciar a toda disciplina, toda sugestão, toda moral preconcebida, toda instrução religiosa, seja ela qual for", princípio fundamental da Escola de Summerhill, de A. S. Neill (1970, p. 22), certamente é a maior inspiração do que estamos denominando por *concepção anárquica*. Na realidade, essa verdadeira antipedagogia foi uma tentativa de aplicação dos princípios psicanalíticos a um projeto escolar, preconizando a abstenção dos educadores, de modo a viabilizar somente a satisfação dos desejos do educando, sem qualquer constrangimento que pudesse causar traumas ou neuroses.

Ainda que não consciente e diretamente inspirados nas experiências das *Crianças de Summerhill*, muitas escolas e professores brasileiros têm, pela omissão e pela crença na bondade natural dos alunos, apostado no espontaneísmo da aprendizagem e das condutas adequadas à construção de um projeto de felicidade pessoal e coletiva. Esse *método da liberdade* ou *educação na autonomia*, como o chamava Neill, impõe a passividade do professor que, no limite, nem tenta despertar ou incentivar a motivação do aluno para a aquisição de determinados conhecimentos e habilidades.

Mesmo que renegasse a anarquia em *Liberly, not licence*, Neill acabou por praticar um modelo educacional que se tornou referência para as propostas anárquicas (não anarquistas), sejam elas decorrentes de proposições doutrinárias sistematizadas, sejam resultantes da irresponsabilidade e do comodismo de pseudoeducadores de plantão. Aliás, o absenteísmo pedagógico, construído sobre a convicção da possibilidade de uma pedagogia analítica, foi anulado pelo próprio Freud, que não enxergava o avanço civilizatório sem imensos sacrifícios no psiquismo individual.

Na concepção anárquica, dá-se ênfase à aprendizagem — aliás admitida sem ensino, dado que ela ocorre naturalmente, a partir da autorização do aprendiz — ou melhor, à autoaprendizagem. Evidentemente, estão implícitos objetivos desejáveis, não manifestos pelo educador. A didática consiste em não usar qualquer didática, deixando ao aluno o livre curso para as manifestações automotivadas ou, quando muito, negociadas no próprio coletivo dos discentes. Assim, ao lado da passividade do educador (sua presença é necessária?), manifesta-se uma grande atividade ou não dos educandos, dependendo de suas disposições individuais. Na permissividade gerada pela ausência de diretrizes, tudo é possível: ou o consenso, ou o conflito, ou, como ocorre na maioria das vezes, o dissenso generalizado.

Nas escolas brasileiras não se observam as propostas anarquistas, mas anárquicas, que não são fruto, como as primeiras, de deliberações doutrinárias, mas algo que dela se aproxima, numa espécie de democratismo confortável (para o educador), na medida em que não é necessário grande empenho e, muito menos, trabalho. São os famosos *estudos dirigidos* sem direção, a substituição de docentes por discentes (sem a finalidade precípua de prepará-los para o magistério), a indiferença quanto ao ambiente necessário à concentração e ao trabalho intelectual, o ludismo inspirado no engodo de que *só se aprende brincando*, os inúmeros *trabalhos* exigidos dos alunos (que fazem meras colagens) e que nunca são corrigidos detalhadamente, para que os alunos percebam os aperfeiçoamentos necessários, a liberação de aulas sob a pressão dos mais fúteis motivos etc.

3.3 Concepção democrática

Deixamo-la, propositalmente, para o final, porque, no nosso modo de entender, ela representa a síntese dialética (não eclética) entre as posições autoritárias e as anárquicas. E só ela é capaz de resgatar a qualidade do trabalho escolar, no sentido de ser instrumento eficiente e eficaz da transformação social. Não se forma o cidadão sem a Escola Cidadã, isto é, sem que se respeite as diferenças, sem hierarquizações dos atores escolares.

Partindo do princípio de que todo ser humano é capaz de aprender (e também de ensinar), a relação professor/aluno torna-se um processo de constante ensino-aprendizagem de mão dupla: os caminhos do ensino descortinam horizontes para a aprendizagem e esta revela instrumentos e mecanismos para o aperfeiçoamento do primeiro.

Em vez da preocupação com a "ciência-disciplina: conjunto de descrições, interpretações, leis, teorias, modelos etc.", busca-se a "ciência-processo", isto é, "a contínua elaboração, ampliação e revisão", como afirma Newton Freire-Maia (1991, p. 48). Enquanto a primeira está preocupada com leis, axiomas, postulados, verdades absolutas e universais, neutralidade científica, juízos de fato; a segunda volta-se para uma espécie de "correção progressiva dos dados da experiência e da reflexão", como dizia Goldmann (1978, p. 18).

Nessa concepção, trabalha-se com objetivos — claramente explícitos, com fronteiras nitidamente definidas e grau crescente de complexidade —, para cuja formulação contribuem todos os envolvidos no processo.

O controle ou a permissividade são substituídos pela negociação, pela mútua persuasão, legitimadas pelas descobertas compartilhadas e pela racionalidade dos avanços, metódica e sistematicamente, perseguidos. Ninguém se impõe a ninguém; os papéis são reconhecidos pelas competências específicas; e as divergências (sempre presentes) não constituem mero exercício de esgrima intelectual ou uma disputa em si, mas um espaço de respeito pelas diferenças, ritmos e histórias de vida próprios, oportunidades de rompimento com fronteiras ortodoxamente estabelecidas. Sempre se oportunizam fora dos já consagrados modos diferentes de se resolverem situações-problema (muitas vezes, com economia de energia e de tempo).

A segurança de todos não se estabelece em hierarquias previamente institucionalizadas ou pactuadas, mas na descoberta progressiva dos papéis e funções diferenciados.

Ambos, professor e aluno, trabalharão o tempo todo: o primeiro, como provocador, incentivador, sistematizador e avaliador; o segundo, como provocado, descobridor, cossistematizador e coavaliador/avaliado. E a avaliação não buscará a classificação das diferenças hierarquizadas, mas o diagnóstico de situações e desempenhos carentes de reforço, de novas provocações indutoras da correção e da retomada de rumos e de estratégias. Ela não se colocará como a verificação da aprendizagem ou da consistência-oportunidade dos procedimentos didáticos, mas como elemento (permanentemente presente) de todo o processo, como uma espécie de radar à espreita de ameaças, perturbações e ruídos que possam comprometer a consecução dos objetivos previamente explicitados e negociados.

4. Dimensão gerencial

Durante muito tempo, o isolacionismo pedagógico esteve em moda e julgava-se suficiente para resolver os problemas do sistema escolar, considerado transcendente ou à parte da sociedade como um todo.

Posteriormente, com base nas teorias desenvolvimentistas e na esteira do anterior, mas com uma pretensão interativa de mão única, surgiu o messianismo pedagógico. A educação passou a ser "considerada como instrumento de desenvolvimento econômico, de diminuição das diferenças econômicas entre os indivíduos, de permeabilização das classes sociais dentro da sociedade e de estreitamento das distâncias entre os países desenvolvidos e subdesenvolvidos" (Rossi, 1978, p. 17).

Embora tenha significado um avanço em relação à posição anterior, especialmente na linha de uma análise econômico-social do fenômeno educativo, o messianismo não questionou os fundamentos (biopsicológicos), as metodologias (pedagogistas) e as estratégias (meritocrático-discriminatórias) da escola tradicional. Pelo contrário, reforçou-os, na medida em que deixou intacto o modelo de sociedade para o qual trabalha a escola, e debitou na conta dos não escolarizados e *não escolarizáveis* as razões das diferenças sociais.

Com ênfase no ensinar ou no aprender, o pedagogismo não viu a escola como instrumento de integração de todos no processo da cidadania. Por mais generosas que fossem suas intenções, suas possibilidades históricas rapidamente se esgotaram no aprofundamento das diferenças, da exclusão e da dominação.

Porém, seu desmascaramento conduziu ao extremo das teorias niilistas, que consideravam a escola como uma instituição impotente para qualquer coisa, simplesmente porque ela apenas reproduz a seletividade, a discriminação, a meritocracia e a exclusão que ocorrem na sociedade.

Ainda que importante para o despertar dos educadores para as questões da inserção social e para papel político da escola, a corrente reprodutivista gerou um certo desalento entre alguns pedagogos, pelo modo como passaram a entender, dentro dessa perspectiva, as possibilidades e os limites da instituição escolar: ela só pode algo, após as transformações estruturais necessárias ocorrerem previamente na sociedade.

Foi necessário que se recolocasse a questão da relação dialética sociedade/escola nos seus devidos termos, para que esses educadores progressistas retomassem a luta, no seu próprio campo de trabalho, pela transformação social.

> [...] se a escola é parte inseparável da totalidade social — e é exatamente isso que me obriga a reconhecer que ela é determinada pelos fatores econômicos amplos —, então ela apresenta *internamente* as mesmas relações de mudança e de reprodução que caracterizam aquela totalidade. Isso significa dizer que agir dentro da escola é também agir *na* sociedade da qual ela não pode ser separada. (Mello, 1982, p. 14)

Aceita a afirmação de Guiomar Namo de Mello, pode-se pensar que nem a escola pode se arvorar em resolver todos os problemas do desenvolvimento econômico com justiça social (messianismo), nem pode ser condenada à impotência (niilismo), mas recapturada como um dos instrumentos de intervenção na sociedade, com vistas à mudança do sentido das determinações sociais para o interesse da maioria.

Apegar-se a essa posição e dar a ela a longevidade que outras não tiveram não se justifica apenas por seu *appeal* político — aliás, forte, dada a duradoura iniquidade da realidade social brasileira — mas por sua capacidade de nos libertar da inocuidade da euforia messiânica e do desânimo da teoria da reprodução.

Entretanto, interferir concretamente na inserção da escola no contexto social implica sair da clausura pedagógica e atuar nas demais dimensões em que ela se insere.

É nesse sentido que, enquanto os dirigentes dos sistemas educacionais deixarem as questões gerenciais e financeiras para outros profissionais das áreas de planejamento, administração e fazendária, a educação continuará sendo prioridade apenas nas intenções proclamadas nos programas de governo. Da mesma forma, no nível da escola, o abandono da gestão, da administração e do financiamento a outros especialistas, bem como sua desintegração em relação ao pedagógico, nunca permitirá ao professor libertar-se da função de *tarefeiro*, nem lhe permitirá transferir o débito do fracasso escolar aos verdadeiros responsáveis.

Muitos professores consideram sobrecarga indevida a assumpção de outras funções que não as pedagógicas, significando até mesmo uma exploração de seu trabalho. No entanto, compete ao corpo docente formular políticas, a partir das diretrizes educacionais socialmente sancionadas, elencar as prioridades dos sistemas e das escolas, co-definir os critérios de distribuição e alocação de recursos, identificar os insumos básicos para o desenvolvimento do trabalho pedagógico de qualidade, resgatar a dignidade e o *status* da profissão.

5. Conclusões

Se para Tucídedes era difícil convencer a assembleia ateniense sobre os feitos dos guerreiros, porque alguns julgariam exagero e porque outros exigiriam maior ênfase sobre a coragem dos que haviam tombado em defesa da cidade — e a surdez dos elogiados mortos, completava sua dificuldade — penso ser mais difícil ainda convencer a sociedade sobre a importância do professor-educador, pois a ele cabe construir o seu próprio panegírico. E advogar, aparentemente, em causa própria é muito mais árduo. Ainda mais numa profissão tão infiltrada de *biqueiros*, tão fragilizada pelos corporativismos, tão vilipendiada pelos derrotistas. Tem sido comum depararmo-nos com afirmações do tipo:

Hei de vencer, apesar de ser Professor!

Sequestrador, não adianta me sequestrar; nada tenho; sou Professor.

Na brincadeira, elas refletem toda uma mentalidade arraigada no sistema simbólico social, que cada vez mais reforça a pouca importância conferida pela sociedade aos formadores da atual e das futuras gerações. Lamentavelmente, se a educação não figura na pauta das prioridades governamentais é porque ela é também apenas "figurante" (no sentido cinematográfico e teatral) no elenco das prioridades sociais. Sabemos, sobejamente, que as prioridades governamentais são conquistas sociais. Por isso, mais do que nunca, a dimensão política do trabalho do professor torna-se estratégica, na medida em que temos de subverter o eixo das discussões, em dois níveis:

1º) falando mais da "saúde da educação";

2º) redirecionando a reflexão e o esforço para uma melhor qualificação da demanda.

No primeiro, devemos diminuir a ênfase sobre os fracassos do sistema educacional — é claro, não escondendo os obstáculos e dificuldades — resgatando a memória das experiências de sucesso e dos êxitos das alternativas simples.

No segundo, importa trabalhar com os usuários do sistema, para que seu compromisso não se esgote na obtenção da vaga, mas continue na cobrança de uma educação de qualidade.

Essa é uma profissão difícil em nosso país: exige segurança, tranquilidade, equilíbrio, competência, compromisso e... é mal paga e pouco reconhecida socialmente. Exige-nos liderança, disciplina, concentração, solidariedade e desprendimento, pois só podemos nos realizar quando o discípulo nos supera. Exige que solicitemos disciplina, concentração de outrem, sem, porém, perdermos a ternura. É uma missão quase impossível...

Porém, nenhuma outra pode superá-la na potencialidade de realizar a plenitude da felicidade humana, porque ela nos lança na aventura do espírito — e sempre acompanhados.

6

A formação dos alfabetizadores

José Carlos Barreto e *Vera Barreto*
EDUCADORES DO GRUPO VEREDA — SÃO PAULO

Desde 1976, temos nos dedicado ao trabalho de formação de educadores. No início, de educadores ligados ao movimento popular e mais tarde, também ligados a órgãos públicos. A maior parte destes educadores estava envolvida em trabalhos de alfabetização. Esta prática nos ensinou bastante. A primeira coisa foi que, tirando as particularidades, não existe diferença substancial entre a formação de educadores e de alfabetizadores. Todo alfabetizador é necessariamente um educador. Um educador que desenvolve sua atividade numa área específica, mas um educador.

A reflexão continuada sobre esta nossa prática de formação, como não poderia deixar de ser, foi possibilitando o desenvolvimento de uma série de conclusões sobre o melhor caminho a seguir na formação de educadores. Longe de acreditar que estas conclusões sejam definitivas cremos, no entanto, ser oportuno dividi-las com outros formadores. Isto permitirá a sua crítica e deste diálogo certamente poderemos crescer em conhecimento sobre este campo tão importante da educação.

1. O objetivo da formação é melhorar a qualidade da intervenção do educador, não apenas o seu discurso

Por incrível que pareça, esta obviedade precisa ser reafirmada. Quando a qualidade de intervenção do educador não se altera, o esforço de formação foi útil a não ser como elemento indicativo de que o processo de formação precisa ser repensado. Dizemos isto por experiência própria. Cansamos de realizar trabalhos de formação que não implicaram nenhuma mudança do educador. A análise destes fracassos contribuiu muito para que tentássemos descobrir formas de aprimorar o trabalho. Um grande passo foi o de identificar alguns equívocos muito comuns entre nós que nos preocupamos com a questão da formação. Equívocos que, superados, certamente permitirão melhorar a formação.

2. Alguns exemplos dos principais equívocos na prática da formação de alfabetizadores

1º) A formação pode tudo

Este equívoco nasce de uma visão autoritária do processo educativo, que desconhece a condição de sujeito do educando. As pessoas não são instrumentos que podem ser usados para qualquer tarefa através de um processo de formação.

Como toda prática, a formação tem limites que precisam ser reconhecidos. Um exemplo simples disso pode ser dado em relação ao alfabetizador. Sabemos hoje que existe uma relação entre a qualidade da prática do alfabetizador e a sua experiência como leitor e escritor. Ora, a qualidade de leitor do alfabetizador não é determinada pela formação unicamente mas depende de fatores que na maior parte das vezes estão fora do controle do processo de formação.

A consciência de que a formação não pode tudo implica também a consciência de que não podendo tudo certamente pode alguma coisa. Caso contrário, seria absolutamente inútil. No exemplo citado acima, a formação não determina a qualidade de leitor do alfabetizador mas certamente pode contribuir para que esta qualidade melhore, desde que se preocupe com isto.

2º) A formação antecede a ação

É o equívoco mais comum. É incrível a permanência deste equívoco apesar de sistematicamente desmentido pela prática. Todo profissional saído das universidades reconhece que veio aprender a sua profissão depois de formado e no entanto a ideia de formação anterior à ação continua intacta.

A formação é uma prática de conhecimento e todo conhecimento nasce com uma pergunta. A pergunta é o primeiro passo do conhecimento. As perguntas surgem na ação, em sua grande maioria. Tentar responder a perguntas antes que elas surjam na cabeça do alfabetizador é, no mínimo, pouco racional. No entanto, é isto que acontece nas formações que antecedem à ação. Temos, então, o absurdo de responder a perguntas não formuladas e depois, quando elas aparecem, não ter um momento de formação para respondê-las.

É verdade que o alfabetizador tem uma grande série de perguntas antes de iniciar seu trabalho. Nada impede, portanto, que exista uma ação formadora inicial para responder a estas perguntas. Todavia, estas perguntas nem de leve afloram o que irá surgir na prática da alfabetização. No enfrentamento das dificuldades é que irão surgir a maioria das novas indagações. Portanto, é necessário garantir um espaço para que estas questões sejam resolvidas. Assim, o processo não se esgota na formação inicial mas continua durante todo o processo. Portanto, é necessário um processo de formação permanente.

3º) A separação entre a teoria e a prática

Este equívoco também não se restringe à formação. Impregna toda a sociedade brasileira. Acreditamos que este equívoco se sustenta na necessidade de justificar o autoritarismo vigente. Separando teoria e prática, a sociedade separa os que têm a teoria, isto é, que trabalham com o pensamento, dos que trabalham com as mãos e têm a prática. Como uma das características da sociedade autoritária é transformar toda diferença em desigualdade, os que têm a teoria são superiores aos que têm a prática e a dominação está justificada.

Ignora-se que não existe prática que não esteja sustentada por uma teoria. A ação mais simples que possamos imaginar não poderá ser executada por quem não tenha um mínimo de teoria sobre esta ação. Para mascarar este fato óbvio, costuma ser apontado como teoria apenas aquelas que estão escritas, de preferência em linguagem acadêmica, ou que são apresentadas no sistema escolar. Omitindo-se o fato de que a teoria é um instrumento para conhecimento da realidade e das melhores formas de interferir nesta realidade. Existe teoria para o exercício de uma atividade cirúrgica tanto como para o exercício de uma varredura de chão. O fato de a sociedade valorizar mais a teoria da atividade cirúrgica não implica a inexistência da teoria da varreção.

Estabelecer uma dicotomia entre teoria e prática faz com que se possa imaginar a formação como um espaço teórico e a ação como um espaço prático e assim, tratados separadamente, elimina-se a possibilidade de atingir o objetivo da formação que é melhorar a qualidade da prática.

4º) Trabalhar o discurso e não a prática

Muitos dos que acreditam estar trabalhando a prática se surpreendem quando observam que apesar do discurso avançado muitos formandos mantêm uma prática absolutamente conservadora.

Um exemplo clássico pode ser encontrado no fato de que 90% dos educadores brasileiros, provavelmente por influência de Paulo Freire, dizem em seu discurso que o educando é sujeito no processo educacional. E no entanto quase todos que dizem isto têm uma prática educativa na qual tratam os educandos como objetos no processo.

Estamos quase convencidos de que o processo de formação tem conseguido, na quase totalidade das vezes, apenas padronizar um discurso comum. Discurso que não guarda a menor semelhança com a prática comum.

A razão desse fenômeno não é difícil de compreender. Dissemos acima que é um equívoco separar teoria da prática já que ambas andam juntas. Todavia o discurso, falado ou escrito, por ser um recurso de comunicação, pode guardar total independência tanto de uma como da outra.

As pessoas podem pensar uma coisa e dizer outra, assim como fazer uma coisa e dizer outra. Aderir ao discurso da moda ou do poder pode trazer compensações e rejeitá-lo pode trazer complicações. Portanto, não é de estranhar que as pessoas procurem saber qual o melhor discurso e aderir a ele. E isto se fará sem que nenhuma alteração de atitudes se verifique.

Como a formação visa a uma mudança de conduta, de nada adiantará trabalhar o discurso. Pelo contrário, é preciso sempre desconfiar dele para não ser envolvido em um otimismo injustificável.

3. A necessidade de coerência entre o processo de formação e o processo de alfabetização em que a formação está inserida

Como a formação não tem por objetivo trabalhar o discurso, mas a prática, o primeiro passo é garantir que a própria prática da formação explicite aquilo que se pretende enfatizar na formação. Pouco ou nada adiantará dizer-se, na formação, que o educando é sujeito no processo quando a formação tratar os formandos como objeto. O primeiro passo para os alfabetizadores acreditarem no que é proposto é verificarem os resultados dessa proposição junto a eles próprios.

Assim, parece-nos vital que sejam usados na formação os mesmos instrumentos metodológicos que deverão ser usados pelos alfabetizadores em suas salas de aula. Dentro de uma visão não autoritária de educação, os instrumentos metodológicos principais são: observação e registro; análise da prática (em busca do que existe por detrás do aparente); estudo (busca de soluções); avaliação e planejamento. Estes cinco instrumentos metodológicos (observação, análise, estudo, avaliação e planejamento) estão presentes, ainda que de forma distinta, tanto na sala de alfabetização como no trabalho de formação, quando se busca uma educação não autoritária. É vivenciando estes instrumentos que o alfabetizador poderá ter a segurança de utilizá-los na alfabetização. Isto é vital pois a experiência anterior da quase totalidade dos alfabetizadores é com os instrumentos metodológicos autoritários. O alfabetizador acredita que foi com eles que aprendeu tudo o que sabe. Nada mais justo que acredite que com eles alfabetizandos também irão aprender.

4. Como toda prática é sustentada pela teoria de quem pratica, mudar esta prática implica a mudança desta teoria

Como vimos, a ação guarda íntima relação com a teoria. A tal ponto que a ausência de uma teoria, por mínima que seja, implica o imobilismo. Assim, a nosso ver, o grande segredo de uma formação eficaz é trabalhar no sentido de modificar a teoria que o alfabetizador tem sobre o processo de alfabetização. Modificada a teoria, modificar-se-á a prática. A constatação pouco adianta se não soubermos de que maneira é possível alterar a teoria de quem pratica. Vejamos a seguir as nossas descobertas a respeito.

5. Não se muda a teoria que sustenta a prática do educador através da superposição de outra teoria

Embora uma outra obviedade, este fato costuma ser sistematicamente ignorado pelos esforços de formação. Via de regra age-se como se o conhecimento de teorias mais modernas seja capaz de alterar a prática do educador (alfabetizador). Bombardeia-se o alfabetizador com textos de Piaget, de Paulo Freire, de Emilia Ferreiro etc. ou palestras e exposições das teorias destes e de outros autores para que o alfabetizador reconheça seus próprios erros e modifique sua atitude. Os resultados costumam ser decepcionantes.

Isto ocorre porque nenhum educador é capaz de apagar completamente de si as ideias que tinha até o momento em que é apresentado a estas novas teorias. Pelo contrário, são estas ideias que servirão de base para o entendimento e o julgamento destas novas teorias. Julgamento consideravelmente amortecido pela insegurança do alfabetizador e pelo "status" dos autores destas novas teorias. A tendência então é escutá-las passivamente e transformá-las em receitas que devem ser seguidas. É lamentável perceber quanta teoria de ótima qualidade é transformada em simples receitas. Com o agravante que receitas costumam dar certo apenas em situações particulares. Na primeira dificuldade ou insucesso, a receita é abandonada, e o alfabetizador volta à prática anterior até que surja nova receita e o ciclo se reinicie.

6. O primeiro passo de quem quer contribuir na mudança da teoria que sustenta a prática do alfabetizador é saber qual é esta teoria

A tarefa não é simples uma vez que é perfeitamente possível, e quase sempre acontece, o alfabetizador ter um discurso absolutamente independente da sua prática e da sua teoria. Portanto, de nada adianta simplesmente perguntar ao alfabetizador. A resposta quase sempre corresponderá ao discurso dominante ou ao da moda. E isto não acontece apenas por um desejo de ocultar-se. Muitas vezes, o próprio alfabetizador ainda não codificou em discurso a sua própria prática. Não tomou consciência da teoria que sustenta a sua prática.

A única forma segura de identificar a teoria que sustenta a prática do alfabetizador é a observação da prática do próprio alfabetizador. É nesta prática que se exprime no que o alfabetizador realmente acredita. Esta observação pode ser feita pela observação direta ou pelos relatos do próprio alfabetizador.

É lógico que o alfabetizador poderá fantasiar no discurso a prática que desenvolve. Existe uma tendência natural de disfarçar os insucessos e ampliar os sucessos. A maneira de contornar isto é não ficar apenas na descrição das práticas mas incentivar os motivos desta prática.

Nesta fase, o importante não é o que ele faz mas principalmente o "porquê" ele faz. A insistência nos porquês produz dois resultados igualmente significativos. Torna difícil o mascaramento da prática através do discurso e contribui para que o alfabetizador vá teorizando a própria prática. Tome consciência da existência da sua teoria.

Um exemplo simples deste processo seria dado pelo relato eventual de um alfabetizador sobre a repetição em coro das "famílias" silábicas por parte dos alfabetizandos. Um aprofundamento sobre o "porquê" desta atividade provavelmente desvelará a crença do alfabetizador na memorização das sílabas como elemento fundamental na alfabetização.

É este conjunto de crenças, ideias e valores do alfabetizador que constituem a teoria que sustenta a prática do educador. É ela que precisará ser contestada, ampliada e discutida para que se obtenha uma mudança significativa da prática do alfabetizador.

7. Nossa experiência tem demonstrado que só existem duas formas de alterar a teoria: a reflexão da prática e a comparação com outras teorias

Uma outra forma de dizer o que já foi dito acima pode ser a seguinte: Ninguém é capaz de pôr em prática uma teoria que não seja a sua. Quando se tenta pôr em prática a teoria de outro, a teoria deixa de ser teoria e se transforma em receita. Todavia, a teoria que sustenta a prática de uma pessoa não é estática. Está em modificação constante. A prova disto é que raramente uma pessoa fará alguma coisa pela segunda vez sem melhorar em relação à primeira vez que fez. Esta melhoria se fará também na terceira vez e assim por diante até que vire um automatismo ou até que a pessoa esteja plenamente satisfeita com a forma como está fazendo. Nestes dois casos deixa de haver melhoria porque cessa a reflexão, isto é, cessa a necessidade ou o estímulo de pensar a prática. Cessa a modificação teórica.

Portanto, pensar a prática é uma das formas de modificar a teoria e aprimorar a prática. Daí resulta que todo trabalho de formação não pode deixar de realizar um trabalho de reflexão da prática.

A outra forma de modificação teórica possível é a comparação da teoria de quem realiza a prática com outras teorias. Não se trata de comparação de práticas, mas de comparação de teorias. Em duas práticas iguais uma pode estar adequada e outra inadequada quando exercidas em situações distintas. Um mesmo exercício motor pode ser útil em uma classe infantil de alfabetização e absolutamente contraproducente numa classe adulta. Igualmente, duas práticas distintas e eventualmente opostas podem estar absolutamente adequadas dependendo de onde se realizam. Não corrigir erros ortográficos no início do processo de alfabetização está tão correto quanto corrigi-los a partir de determinado nível de leitura e escrita. Como dissemos, o importante é conhecer os "porquês" mais do que os "quês".

A comparação entre teorias permite a modificação de teorias. É o diálogo entre elas que pode estimular a sua mudança. Esta comparação entre teorias se dá através do diálogo entre os próprios companheiros de formação e do diálogo com o educador do grupo. Também é possível no diálogo entre o alfabetizador e as teorias expostas em textos. Neste caso, o único cuidado é evitar o endeusamento que os textos costumam ter na nossa cultura. Temos a tendência de mitificar o texto escrito e neste caso deixa de existir o diálogo e passa a existir o monólogo. Aí, cresce a tentação de obedecer ao texto, no pressuposto de que se escrito está certo. A teoria exposta deixa de ser teoria e passa a funcionar como determinação ou receita.

Até o momento, não descobrimos outra forma de modificação teórica do alfabetizador que não seja estas duas: reflexão da prática e comparação teórica. Sendo assim, qualquer processo de formação de alfabetizadores passa necessariamente por elas.

8. Nenhum alfabetizador se propõe a modificar sua teoria sobre alfabetização quando está plenamente satisfeito com ela

Vimos que entre os equívocos sobre a formação está o de imaginar que a formação pode tudo. Este é um exemplo da limitação da formação. Quando o alfabetizador está satisfeito com a sua prática, portanto com a teoria que a sustenta, não há como mudá-la pela formação. Mudar a prática implica um esforço que ninguém fará quando imagina desnecessário.

Mas se não pode tudo, a formação pode alguma coisa. Pode sondar os horizontes do alfabetizador, por exemplo, e identificar os motivos desta satisfação. Geralmente a causa está na pobreza de objetivos que o alfabetizador pretende atingir. Se o alfabetizador acredita que a leitura se esgota na decifração do código escrito, é provável que esteja satisfeito com a simples memorização de fonemas.

Na medida em que o alfabetizador for percebendo que o domínio do código escrito implica muito mais, é provável que sua satisfação diminua e abra espaço para tentar tornar mais abrangente o seu universo teórico.

É importante perceber que o primeiro passo da formação quando existe plena satisfação dos formandos com suas próprias teorias é criar a insatisfação. Sem ela, será impossível qualquer processo de formação.

9. A prática da formação de alfabetizadores também é sustentada pela teoria do formador e obedece aos mesmos princípios para sua modificação

O que apresentamos aqui foi o discurso construído a partir da teoria que construímos refletindo nossa prática e também confrontando com a teoria de outros educadores. Como não acreditamos ter chegado ao fim de nosso crescimento teórico, esta teoria certamente irá se modificar e tornar-se mais abrangente no futuro. Queremos ser melhores educadores. Como sabemos que o mesmo ocorre com outros formadores, esperamos que estas colocações sejam confrontadas com outras teorias e resultem em um diálogo que aprimore a capacidade de todos os educadores em um campo que certamente constitui hoje um dos limites para o pleno desenvolvimento do processo educacional brasileiro.

TERCEIRA PARTE

Experiências práticas

7

O MOVA-SP
Estado e movimentos populares

Moacir Gadotti
DIRETOR DO IPF E PROFESSOR DA USP

Dia 1° de janeiro de 1989, um partido popular assumia, pela primeira vez na sua história, a mais importante cidade do país: São Paulo.

A eleição de Luiza Erundina para governar a maior cidade da América do Sul, com uma proposta clara de inversão de prioridades, possibilitou melhores perspectivas de implantação de instrumentos da **participação popular**.

A participação popular foi a marca que foi impressa à administração da prefeitura de São Paulo nos anos 1989-1992. Governar com a participação do povo significou ir contra toda uma tradição centralizadora e excludente do Estado brasileiro. Para isso foi preciso operar uma profunda reforma do Estado e das instituições políticas do município, introduzindo novos atores no processo decisório, isto é, a população excluída e segregada da metrópole.

Para tornar possível a democratização das decisões foi necessário:

1º) respeitar a **autonomia dos movimentos sociais** e de suas organizações;

2º) abrir **canais de participação** a partir da nova administração; e

3º) muita **transparência administrativa**, isto é, ampla democratização das informações.

A participação popular é um processo efetivo de **educação de adultos**, pois desenvolve e fortalece a consciência da cidadania da população, para que ela assuma o seu papel de sujeito da transformação da cidade. Para isso, o essencial é que a população, organizada ou não, compreenda minimamente o funcionamento da administração, a elaboração do orçamento e as leis que regem a administração pública e também limitam a ação transformadora. Daí não ser possível uma efetiva participação popular sem a democratização das informações. Foi diretriz do governo popular e democrático da cidade de São Paulo "estimular a criação de canais democráticos institucionais, que possibilitem à população se apropriar efetivamente das informações, através de um processo educativo, dirigido à produção de decisões sobre a totalidade das problemáticas da cidade" (PMSP, 1990, p. 2).

Com base nesses pressupostos político-pedagógicos é que se implantou o MOVA-SP na Secretaria Municipal de Educação.

Na esteira da obra de Paulo Freire e na sua primeira administração pública, em São Paulo (Freire, 1991), surgiu por inspiração dele e de um grande educador popular de São Paulo, Pedro Pontual, o MOVA-SP (Movimento de Alfabetização de Jovens e Adultos da Cidade de São Paulo).

Desde o início de 1989, representantes dos movimentos populares, que já trabalhavam com a alfabetização de adultos, nos procuravam para ver que tipo de apoio eles poderiam ter da Prefeitura para ampliar o seu trabalho.

Em abril do mesmo ano, realizamos com eles um simpósio no qual foi criado o "Fórum dos movimentos populares de alfabetização de adultos da cidade de São Paulo".

A Secretaria de Educação, através de convênios com as entidades integrantes do Fórum dos movimentos populares de alfabetização, oferecia os recursos financeiros e técnicos. Cabia ao Fórum, junto com a Secretaria, definir os critérios para celebração de convênios nos quais as entidades conveniadas se responsabilizavam pela criação dos núcleos de alfabetização, locação de salas, material didático e pagamento aos alfabetizadores e supervisores.

A Secretaria oferecia um curso de capacitação inicial de trinta horas aos alfabetizadores e supervisores, acompanhava o desenvolvimento dos cursos de alfabetização e promovia encontros de alfabetizadores e alfabetizandos. Em dezembro de 1990, Ano Internacional da Alfabetização, foi realizado o primeiro Congresso dos Alfabetizandos da Cidade de São Paulo, promovido pelo MOVA-SP, que reuniu mais de cinco mil alfabetizandos, num evento único na história da educação de jovens e adultos.

O projeto do MOVA-SP, cujo início efetivo se deu em janeiro de 1990, teve grande repercussão tanto na cidade de São Paulo como em outros Estados, pela proposta de fortalecimento dos movimentos populares sem atrelá-los ao Estado. É um dos raros exemplos de parceria entre a sociedade civil e o Estado. É evidente que nessas circunstâncias a relação não é sempre harmoniosa. Ela é perpassada por tensões. Mas essa é a condição necessária para um trabalho paritário entre o Estado e os movimentos populares.

O MOVA-SP não impôs uma única orientação metodológica (Ferreira, 1990a) ou, como se costumava dizer, o "Método Paulo Freire". Procurou-se manter o pluralismo, só não se aceitando métodos pedagógicos anticientíficos e filosóficos autoritários ou racistas.

Mesmo sem impor nenhuma metodologia, sustentamos nossos princípios político-pedagógicos (Ferreira, 1990), sintetizados numa **concepção libertadora de educação**, evidenciando o papel da educação na *construção* de um novo projeto histórico, a nossa teoria do conhecimento, que parte da prática concreta na construção do saber, o educando como sujeito do conhecimento e a compreensão da alfabetização não apenas como um processo lógico, intelectual, mas também profundamente afetivo e social.

Para que um movimento de alfabetização se constitua num esforço coletivo, é necessário que a experiência seja a fonte primordial do conhecimento. Do contrário, ela se reduz apenas a um conhecimento intelectual que não leva à formação crítica da consciência e nem ao fortalecimento do poder popular, isto é, à criação e ao desenvolvimento das organizações populares.

Para que a entidade se integrasse ao MOVA-SP, bastava ter personalidade jurídica ou estar juridicamente constituída, ter representação no Fórum e atender aos seguintes **critérios** (MOVA-SP, 1989):

1º já desenvolver, ou pretender iniciar, trabalhos de alfabetização e de pós-alfabetização com grupos populares sem fins lucrativos;

2º que os trabalhos fossem desenvolvidos dentro da concepção político-pedagógica libertadora, respeitando-se o pluralismo de orientações metodológicas dos próprios movimentos segundo suas áreas de atuação;

3º que os educadores tivessem domínio da leitura e da escrita;

4º que os educadores populares se comprometessem a participar do processo de formação permanente junto ao coletivo dos educadores do projeto MOVA-SP.

O que estava sendo feito não se confundia com as campanhas de alfabetização. As experiências fracassadas de muitas campanhas de alfabetização na América Latina, e, em particular, no Brasil, nos levaram a evitar até a palavra "campanha", acentuando o caráter de **continuidade** e de permanência do movimento que desejamos construir.

O MOVA-SP foi uma nova e importante contribuição, associada a outros programas da Secretaria Municipal de Educação, como o do **ensino noturno regular** e do **ensino supletivo**. O que mais interessava aos seus idealizadores e aos movimentos populares era que o projeto MOVA-SP tivesse continuidade como parte integrante do sistema municipal de educação e não de uma determinada administração, que é sempre passageira. Mas isso não aconteceu. A administração que assumiu a prefeitura de São Paulo em 1993 extinguiu o projeto. O MOVA-SP fazia parte de uma estratégia de ação cultural voltada para o **resgate da cidadania**: formar governantes, formar pessoas com maior capacidade de autonomia intelectual, multiplicadores de uma ação social libertadora. A nova administração não comungava com esses mesmos princípios.

Estado e movimentos populares

Retomo aqui algumas ideias desenvolvidas numa exposição que fiz em La Paz, num Seminário latino-americano de educação popular, em julho de 1990. Defendi a tese da necessidade de construir **novas alianças** entre a sociedade civil e o Estado para enfrentar conjuntamente os problemas educacionais da América Latina, numa perspectiva popular.

O Estado, numa democracia, é o representante tanto dos setores médios quanto da burguesia e dos setores populares. A educação popular promoverá novas alternativas para dialogar no conflito ao postular uma educação estatal vinculada aos movimentos sociais e às organizações não governamentais como o caso do MOVA-SP. Mas isso só é possível quando o Estado é ocupado por partidos políticos que já tenham vinculações efetivas com os movimentos sociais.

Muitas vezes, discute-se a questão "profissionalismo *versus* voluntariado". Pois bem, na minha experiência, eu vejo que é muito difícil, estando no Estado, fazer exigências aos voluntários (em relação ao horário, à produtividade etc.). Mas, seria ainda mais perigoso se nós procurássemos transformar voluntários (militantes), em funcionários públicos.

É por isso que nós propusemos aos alfabetizadores cursos e mesmo um pagamento, uma remuneração, para valorizar seu trabalho, o trabalho da alfabetização. É uma maneira de caminhar para a profissionalização sem destruir o compromisso inerente às pessoas envolvidas com as lutas populares. Os voluntários e os movimentos sociais oferecem seu dinamismo antiburocrático para contrabalançar as tendências burocráticas que todo aparato administrativo possui, sobretudo quando nunca foi submetido ao controle popular.

É inegável que cabe ao Estado a responsabilidade de superar nosso atraso educacional. Nem a sociedade civil, nem a empresa privada têm condições efetivas, técnicas e financeiras de enfrentar esse enorme desafio. Contudo, o Estado, sozinho, não dará conta de todas as tarefas. Por isso é necessário construir novas estratégias.

O setor privado, a igreja e os movimentos sociais precisam articular-se com o Estado, não como dependentes dele, mas como parceiros, instituindo novas alianças, num **plano estratégico de longo prazo**. A contribuição pontual, efêmera e passageira dada pela sociedade civil, como nos grandes momentos das "campanhas", é ineficaz. Respostas provisórias e compensatórias à ausência do Estado são inúteis. Qualquer mudança radical, mas feita num curto espaço de tempo, está fadada ao fracasso.

O **Estado** deve ser o principal articulador, mas não o articulador exclusivo. É preciso um planejamento que compreenda a integração entre as várias esferas de poder, de modo que possam dar conta do conjunto complexo de problemas concernentes à universalização da educação básica. É evidente que a dimensão desses problemas extrapola em muito as atribuições dos órgãos responsáveis pela educação.

À **sociedade civil** cabe, principalmente, o papel de contribuir na elaboração e fiscalização das políticas educacionais, bem como na gestão dos órgãos responsáveis por sua aplicação. Mas não só; cabe também, em parceria com o Estado, participar do esforço coletivo para a superação do atraso educacional.

As condições políticas e sociais da década de 1990 não são as que possibilitaram a educação da década de 1950 na América Latina e em particular no Brasil. Naquela época, a América Latina estava dominada por governos autoritários. Não é de se estranhar que a educação de adultos fosse concebida sempre como "alternativa" à educação oferecida pelo Estado.

A educação popular nasceu na América Latina no terreno fértil das **utopias de independência**, autonomia e libertação que propunham um modelo de desenvolvimento baseado na justiça social. Para esse modelo de educação popular, a conquista do Estado era fundamental. Porém, esse processo foi interrompido pela brutal intervenção militarista e autoritária. A educação popular refugiou-se, então, nas organizações não governamentais e, em alguns casos, na clandestinidade.

Passado esse vendaval autoritário, há maiores possibilidades de colaboração (parceria) com o Estado. Com a crise da educação popular na América Latina hoje, muitos educadores populares encontram saída no interior do Estado capitalista, abrindo espaço para a construção da **educação pública popular**, procurando tornar popular a educação oferecida pelo Estado. Essa é uma alternativa possível.

A grande utopia da educação popular dos anos 1950 visava à conquista do Estado e à mudança radical da política econômica e social. Hoje, o que vemos é a educação popular dispersando-se em milhares de pequenas experiências, perdendo aquela grande **unidade teórica**, mas ganhando em **diversidade**.

Esses **pequenos grupos** e **movimentos** são as verdadeiras forças instituintes da nova sociedade, lutando em múltiplos campos: luta pela terra, direitos civis, direitos humanos, alfabetização, luta das mulheres, dos que tratam de reconstruir as raízes africanas de suas culturas, novos movimentos vinculados à religiosidade popular, movimentos ecológicos, de produção associada, por moradia, de meninos e meninas de rua etc. Esses numerosos movimentos trazem no seu bojo uma nova concepção da educação popular e do Estado.

Os movimentos populares dos anos 1960 e 1970 viam o Estado como organizador do bem-estar social e a questão era pressioná-lo na medida suficiente e oportuna para obter dele as demandas. Hoje, a nova visão do Estado baseia-se na ideia de construir novas alianças das quais os movimentos sociais não querem apenas receber os benefícios sociais, mas participar como sócios, parceiros na definição das políticas públicas e da inversão de prioridades. Antes, os movimentos populares tinham um caráter **revolucionário** ou **reivindicativo**. Hoje eles são predominantemente **programáticos**.

A educação popular — e a educação de adultos como parte desta — tem a seu favor o surgimento das novas forças do **poder local democrático** (o caso do Município de São Paulo) e também a presença nos aparatos burocráticos estatais de antigos militantes ou simpatizantes do movimento de educação popular. Mas tem sobretudo uma nova arma teórica, que nasceu da prática da organização popular, para enfrentar os novos desafios desse final de século. A luta contra o analfabetismo tem a marca das organizações não governamentais e dos movimentos populares. O diálogo, a parceria, entre estes e o Estado, é essencial, se se quiser, com sucesso, enfrentar esse desafio, que é, ao mesmo tempo, internacional e histórico.

8

O SEJA de Porto Alegre

Liana Borges

COORDENADORA DO SEJA — PORTO ALEGRE

A Secretaria de Educação da Prefeitura Municipal de Porto Alegre tem, desde 1989, desenvolvido uma proposta político-pedagógica voltada aos interesses e necessidades daqueles cidadãos que não tiveram acesso à educação básica.

O trabalho realizado pelo SEJA (Serviço de Educação de Jovens e Adultos) tem, como questão primeira, a alfabetização — alfabetização, no SEJA, equivale às quatro séries iniciais — enquanto direito. Direito à escola de qualidade e à construção de projetos de vida que deem conta de entender e transformar o mundo, já que compreendemos o acesso à aquisição do código alfabético como um caminho de invenção da cidadania; aliado, evidentemente, às contribuições das diferentes áreas de conhecimento.

Atualmente, constatamos um crescente avanço nos campos da pedagogia no que se refere às descobertas a respeito dos processos da construção dos conhecimentos.

A década de 1990 está marcada pela ampliação de estudos e pesquisas voltados à educação de jovens e adultos; entretanto, permanecem até hoje as ideias dos anos 1970 e 1980 em diversos estilos de reedição. Persiste a ideia de que "qualquer pessoa que saiba ler e escrever pode se converter em alfabetizador e que qualquer educador possa ser educador de adultos".

O SEJA, a partir do acúmulo da práxis, tem posições contrárias e alternativas qualitativamente diferentes.

O referencial teórico é permeado da cotidianidade do trabalhador e do seu mundo do trabalho. Isso reflete-se em cada espaço do SEJA, fazendo com que as estruturas administrativas, políticas e pedagógicas rompam com a proposta rígida da escola regular e tradicional.

Através de um processo coletivo de reflexão sobre o cotidiano da escola, sobre as vivências dos professores e alunos, apoiados numa outra concepção teórica, o SEJA tem feito uma "ginástica" política para "criar" uma escola para os ocupados ou trabalhadores.

Esta criação considera este aluno enquanto trabalhador que busca um complemento à reflexão de sua prática social. Os conteúdos são referenciados na experiência de vida do jovem e do adulto, que são produtores de conhecimento, e de hipóteses que explicam a realidade. O objetivo da metodologia é, na relação dialógica, favorecer uma análise mais profunda sobre este saber, o acesso a outras informações e a reelaboração e recriação destes conhecimentos.

O SEJA, especialmente no seu espaço físico próprio — Centro Municipal de Educação de Jovens e Adultos —, tem conseguido experimentar esta estrutura, não só no nível pedagógico, mas no administrativo. O trabalho desenvolvido tem como meta quebrar esta ossatura excludente da escola tradicional.

Está garantido o acesso diário, a frequência baseada no compromisso com o grupo (não na obrigação individual). O avanço nos diferentes níveis de aprendizagem respeita a caminhada individual, acontecendo a qualquer momento. As categorias de aprovação, reprovação e evasão foram substituídas e fundamentadas, teoricamente, pelas categorias de avanço, permanência e afastamento. O esquema de seriação contínua desaparece, em favor de níveis de complexidade de conhecimento.

Entretanto, dar sustentação a este projeto e aprofundar as rupturas já estabelecidas, requer um autor-ator: o professor.

O papel que o professor de jovens e adultos precisa desempenhar para, a partir do que sabe, desenhar esta nova escola, depende do seu envolvimento com toda a complexidade que abarca a compreensão dos processos de construção do conhecimento e a análise da trajetória da Educação Popular.

Neste sentido, o engajamento do professor passa pela reflexão do fazer pedagógico, pela produção coletiva do compromisso com a criação de professores-pesquisadores; cujas ações da prática docente e da pesquisa se interpenetram e se imbricam.

Formação do professor

A formação do professor de educação de jovens e adultos leva em consideração os diversos estudos e pesquisas realizadas sobre as diferentes áreas de conhecimento e suas gêneses, sobre o Construtivismo Interacionista e sobre Educação Popular.

Construtivismo porque acreditamos que é o sujeito, a partir de seu agir no mundo, quem constrói o seu conhecimento e que a aprendizagem é impulsionada pela busca de novos elementos que o ajudem a compreender o mundo que o cerca.

Além de ser uma construção individual, o conhecimento também é uma construção coletiva. A aprendizagem se dá a partir da troca de pontos de vista, da necessidade de compreender e ser compreendido pelos demais seres humanos.

Educação Popular porque acreditamos que a nossa sociedade precisa ser transformada e que essa transformação se dará a partir do coletivo. Nesse sentido, a nossa proposta pedagógica se pauta no diálogo, no questionamento, na compreensão da realidade que nos cerca e na busca de novas propostas coletivas de mudança, pois o aprender é considerado como uma interação dialética entre o homem e o mundo, e o conhecimento é visto como uma construção social. Estes eixos acabam por imprimir a lógica da precedência da leitura do mundo sobre a leitura da palavra e têm a Educação como uma parceira de outras ciências na busca da transformação da realidade, a partir da ação de sujeitos epistêmicos e históricos.

O paradigma que norteia toda a formação do professor do SEJA é o da concepção crítico-dialética, uma vez que a escola e o professor assumem o conflito social existente e trabalham política e pedagogicamente sobre ele.

Para isto, o SEJA tem vários mecanismos que garantem esta formação: quando o professor ingressa no SEJA ele participa de um Seminário Inicial que tenta dar conta da totalidade sobre os pressupostos teórico-metodológicos e sobre o compromisso que deve ser assumido frente ao trabalho e frente à postura de pesquisador. No decorrer da prática ficam garantidos outros canais, tais como: as reuniões semanais, que podem ser local de trabalho; as reuniões zonais que abrangem vários locais e as gerais, que envolvem todo o grupo. Cada atividade tem um conjunto de objetivos que atendem o específico e a preocupação demandada do cotidiano, tendo como objetivo maior a garantia da qualidade do processo educativo. Além das reuniões, o professor tem o apoio pedagógico em sala de aula, tem a tarefa de escrever relatórios e participar dos Seminários de Avaliação do trimestre e do fim de ano. O caminho da reformulação, do aprofundamento e do avanço do SEJA é alimentado diariamente a partir destes canais, porque são eles que refletem as necessidades, limites e alternativas construídas pela responsabilidade e participação de cada educador.

Os mecanismos aqui citados têm uma prática apoiada no processo de cada professor; no que ele já traz de referenciais teóricos e nas trocas que estabelece com seus pares, na busca de subsídios que possam responder às demandas do cotidiano.

O desenvolvimento da reflexão e da elaboração no SEJA conta com um corpo qualificado de professores que escolhem o Grupo de Apoio Pedagógico (GAP).

O GAP não faz o papel tradicional da 'Super Visão' nem do Supervisor e não concebe o professor como objeto, mas como sujeito da ação pedagógica. O GAP é parceiro neste processo de desvelar os saberes e não saberes do grupo (e o seu), não tendo portanto, o papel fiscalizador e burocrático.

Para o SEJA, a qualidade do trabalho de cada professor passa pela possibilidade da apropriação do fazer pedagógico, pensando a prática e não sendo um executor de *kits* ou pacotes didáticos elaborados por especialistas iluminados.

Madalena Freire sugere o registro escrito da prática pedagógica como forma de reflexão, e o SEJA tem incorporado esta ideia pela qual o professor pode perceber o que tem proposto aos seus alunos e se os mesmos têm construído novos conhecimentos.

O relatório pode refletir cada momento do trabalho e articulá-lo com a totalidade dos princípios do SEJA. Este relatório é trimestral e tem características diferenciadas do planejamento formal que disfarça a realidade vivida em sala de aula. O relatório é dinâmico, vivo e contém a "verdade" do ponto de vista do professor.

9

O movimento das escolas comunitárias de Olinda-Recife

Carmem Lúcia B. Bandeira
TÉCNICA DO CENTRO LUIZ FREIRE — RECIFE

Através do programa "Fundo de Apoio à Educação Alternativa", o Grupo Alternativas Educacionais, vem desenvolvendo ao longo dos seus quatro anos de existência uma estratégia de acompanhamento aos grupos populares de educação, os quais apresentam-se como expressões da organização popular (movimento popular de educação) na luta pela conquista da escolarização.

Este acompanhamento se concretiza via projetos propostos pelos grupos priorizando-se a capacidade de educadores: o intercâmbio de grupos — tanto no nível local, como estadual ou mesmo regional, a sistematização de experiências: a produção de material didático e publicação/divulgação de experiências que sinalizem aspectos relevantes na busca da construção de parâmetros de qualidade em se tratando da escola do povo.

Após um considerável tempo de estudos, reflexões, mediados pela inserção em determinadas práticas, através dos projetos de capacitação/sistematização, que se têm revelado como verdadeiras fontes de investigação, penso que começamos a vislumbrar alguns indícios merecedores de um maior aprofundamento no que concerne a possíveis respostas em termos da tão ansiada qualidade no popular.

Tomaremos inicialmente em consideração os primeiros resultados da reflexão numa experiência de sistematização sobre a prática educativa da AEEC (Associação dos Educadores das Escolas Comunitárias) de Pernambuco.

Os objetivos deste projeto, segundo os proponentes (equipe de sistematização da AEEC), visam à vivência de um processo de capacitação que os possibilite construir uma síntese própria.

Adotou-se como procedimento metodológico a reconstituição da história do Movimento das Escolas, inicialmente com a equipe proponente, baseando-se em reflexões e estudo sobre o material já produzido sobre o assunto, observando-se o cuidado em registrar as discussões, realimentando-se o processo com textos-relatos das reuniões e/ou novos textos elaborados a partir das questões colocadas.

Um ponto de partida para se tentar chegar, juntamente com a equipe de sistematização da AEEC, a um quadro de compreensão inicial acerca do Movimento das Escolas Comunitárias, foi o desencadear de uma discussão em torno do princípio educativo.

Considerou-se que, para poder captar o princípio educativo (ou os princípios educativos) subjacente a uma prática educativa, é preciso vasculhar suas origens.

Princípio quer dizer ponto de partida. Todas as práticas, em suas origens, são marcadas por características fundamentais, que dizem respeito aos seus objetivos. Tais características expressam os fundamentos ou as concepções filosóficas que as informam.

Uma vez entendido que a organização popular envolve diferentes interesses e muitas vezes, também, diferentes instâncias, é possível deduzir que existem vários **princípios educativos** implícitos numa prática, certamente definidos pelos agentes que têm clareza em relação ao ponto onde desejam chegar. Mas há também os que não têm clareza quanto aos seus objetivos, agindo de forma intuitiva, muitas vezes ingenuamente, e, é no próprio processo que vão colocando suas indagações, procurando armar o quebra-cabeça de sua própria história.

1º) O princípio da organização das camadas populares em luta pelos direitos mais elementares de cidadania: moradia, saúde, educação, lazer. No caso das escolas comunitárias, a luta adquire a conotação específica da conquista do acesso à escolarização.

Considerou-se que este primeiro princípio, relacionado à organização das camadas populares na luta pela conquista dos direitos de cidadania, consiste num princípio genérico, que se aplica ao movimento popular como um todo. É importante situá-lo, do ponto de vista da origem, porque representa as linhas gerais, os objetivos mais amplos dessa história de lutas, que não se coloca como uma experiência isolada. Ela se articula com outras formas de luta, compondo um movimento mais ampliado na intricada rede das relações políticas, que expressa o quadro real da desigualdade das classes sociais, evidenciando o esforço dos injustiçados no sentido da superação da exclusão.

Embora ressaltando-se a importância desta articulação, observa-se, no entanto, que à medida que avança o processo geral de organização, a tendência é que se comece a priorizar necessidades e as lutas vão se tornando mais específicas. Daí a organização do movimento popular por setores: saúde, habitação, educação.

2º) O princípio da unidade na diversidade, que também pode ser considerado como princípio da convivência democrática ou do respeito às diferenças.

Considerou-se que, embora articuladas em torno de um objetivo geral de interesse comum, formando portanto um todo orgânico sintetizado através da AEEC, as escolas, nos seus diferentes bairros, mantêm-se independentes e diversificadas, expressando suas múltiplas concepções de vida. No espaço da AEEC, no entanto, os representantes das diferentes escolas parecem conviver pacificamente, priorizando-se as questões de interesse comum e respeitando-se a autonomia de cada unidade escolar no que tange à livre expressão dos seus credos ou concepções de vida.

3º) O princípio da autonomia de gestão.

Este princípio, além de reforçar a hipótese de ampliação/redimensionamento do conceito de democracia, por representar um possível rompimento com heranças ultrapassadas das instituições burguesas, ao recolocar, na prática, situações e mecanismos de descentralização, parece, em decorrência, também indicar um questionamento do próprio conceito de "público".

É curioso, por exemplo, que o discurso dos educadores populares, responsáveis pela condução da história do Movimento, reivindique do Estado financiamento para as escolas comunitárias, públicas, não estatais. Públicas, porque expressam necessidade concreta do povo. Representam luta do povo, organização pela conquista de um direito constitucionalmente assegurado. Apresentam-se como iniciativa, alternativas concretas de superação do problema, confronto com o poder instituído, parecendo referendar a própria *Crítica do Programa de Gotha*: "é o Estado quem precisa receber do povo uma Educação muito severa".

4º) O princípio da relação com a cultura popular, abrangendo seus múltiplos aspectos.

A partir da constatação da existência das diferentes concepções de mundo na prática do Movimento das Escolas, com a mesma intensidade em que se coloca a questão religiosa, o aspecto cultural também se apresenta de forma muito intensa e polêmica, deixando entrever uma multifacetada concepção de cultura, no cotidiano da relação AEEC/escolas.

A conotação "popular" foi bastante discutida, prevalecendo-se a compreensão de que se o foco da questão é a luta dos setores populares pela escola (aqui considerada como Movimento Popular de Educação). A dimensão cultural nesta prática, embora reconhecendo-se a variada gama de concepções, vai expressar principalmente ou refletir valores, comportamentos, formas de existência próprias da substância deste movimento.

Observou-se de imediato que o aspecto cultural manifesta-se, pelo menos, de duas formas importantes na prática do Movimento das

Escolas Comunitárias. Em primeiro lugar, ressalta-se a própria história dos setores populares no seu processo de lutas, enquanto expressão da cultura popular. História do povo, refazendo a história, confrontando-a com a história oficial, agindo, interferindo sobre a realidade e modificando-a, inscrevendo sobre ela as marcas da combatividade e resistência. Depois, vem essa mesma história produzida, transformada em conteúdo curricular e possibilidade de aprendizagem.

Considerando-se ainda a questão cultural do ponto de vista do currículo, observa-se uma tendência a incorporar, como eixo das propostas pedagógicas, o que algumas escolas chamam de "aprendizagem pela prática cultural". É o que se observa, por exemplo, nas escolas sob a influência do movimento de resistência dos negros, onde se cultiva a pesquisa sobre as raízes africanas, incorporando-se a prática das raças, dos ritmos, o estudo das tradições, do culto aos orixás, como conteúdo e técnica da aprendizagem, a exemplo do Centro de Atividades Maria da Conceição e do Centro Educacional e Cultural Daruê Malungo. Nestes centros educacionais/culturais, a cultura é vivida, incorporada, como prática de vida. Educadores e alunos se reeducam continuamente, realimentando-se do aprendizado cada vez mais profundo de suas raízes históricas, transformando-as em expressões artísticas profundamente carregadas de significado e conteúdo simbólicos.

QUARTA PARTE

Reflexão coletiva

10

Apontando soluções[2]

Nós, educadores reunidos em São Paulo no Congresso Brasileiro de Alfabetização, de 14 a 16 de setembro de 1990, Ano Internacional da Alfabetização, aprovamos as seguintes proposições:

Estamos convencidos de que, nas condições sociais atuais, uma política nacional de alfabetização só poderá obter algum sucesso se estiver vinculada a um projeto político-econômico que supere as causas sociais que produzem e mantêm o analfabetismo.

Uma política de alfabetização poderá representar um avanço em relação à situação atual se garantir investimentos significativos no ensino público, valorizar o magistério, criar mecanismos eficazes de cooperação entre as esferas de governo e os segmentos organizados da sociedade civil, estabelecendo ações combinadas na educação básica de crianças, jovens e adultos.

Uma política educacional desta natureza, capaz de mobilizar recursos e energias de toda a sociedade, só pode resultar de um amplo processo de discussão e participação, sem o que lhe faltará legitimidade social e base política de sustentação.

---

2. Declaração dos participantes do Congresso Brasileiro de Alfabetização, realizado em São Paulo em setembro de 1990, organizado pelo GETA (Grupo de Estudos e Trabalhos em Alfabetização). 1990 foi declarado pela Unesco como o *Ano Internacional da Alfabetização*.

Comprometemo-nos a envidar nossos esforços de profissionais e cidadãos em prol das seguintes soluções para os problemas da alfabetização no Brasil:

1. Priorizar a educação básica em uma política nacional de combate às raízes estruturais da pobreza, promoção da justiça social e do desenvolvimento econômico

A solução dos problemas educacionais não reside exclusivamente na escola. A história tem mostrado que nenhum país do mundo contemporâneo alcançou níveis elevados de alfabetização sem que suas populações tenham conquistado; simultaneamente, melhorias substanciais nas suas condições de vida e uma distribuição de renda mais equitativa.

O enfrentamento consequente do analfabetismo no Brasil requer, de um lado, uma política global que conduza o país ao desenvolvimento econômico com justiça social, superando a atual situação de extrema desigualdade na distribuição de renda, bens e serviços; de outro lado, exige uma política educacional sistemática e de ação prolongada que priorize a universalização do ensino básico e respeite as especificidades regionais.

Há décadas que leis e planos educacionais vêm reafirmando a prioridade do ensino básico. Quando se trata de implementar as políticas, porém, os governos têm optado por programas de impacto propagandístico que definem prazos exíguos para "erradicar" o analfabetismo, ou então, desencadear campanhas emergenciais de alfabetização de adultos. Esses programas vêm se mostrando ineficazes, pois são medidas desvinculadas de uma política global que promova a melhoria das condições de vida da maioria da população brasileira.

Reafirmamos a necessidade de priorizar a educação, em especial, a educação fundamental e a superação do analfabetismo, no sentido de que o sistema nacional de educação, na sua organização e funcionamento — da educação infantil à universidade — traduza uma política de educação vinculada a um conjunto de medidas que promovam a justiça social e o desenvolvimento econômico.

2. Combater o preconceito em relação ao analfabeto, reconstruindo o conceito de alfabetização

O conceito de analfabetismo carrega consigo preconceitos e incorreções. O analfabeto tem sido visto como uma pessoa desqualificada para o exercício da cidadania, como um mal a ser extirpado, sem que haja o reconhecimento da sua participação como pessoa constitutiva e construtora da nossa sociedade e produtora de conhecimento.

Para superar o preconceito que cerca o analfabeto, as políticas de alfabetização devem reconhecê-lo como cidadão participante da sociedade, produtor de cultura e que, por sua condição de classe, sexo, raça e portador de deficiência, tem sido privado do direito à aquisição dos códigos da leitura e da escrita e de conhecimentos que ampliam suas possibilidades de participação e transformação social.

Deve-se superar o conceito restrito de que alfabetizado é "o indivíduo capaz de ler e escrever um bilhete simples". Estar alfabetizado é integrar à vida de qualquer cidadão a condição de leitor, escritor e comunicador, bem como garantir o acesso a outros conhecimentos que ampliem sua inserção crítica e participativa na sociedade.

As políticas de alfabetização precisam envolver ações permanentes e sistemáticas relacionadas a programas de educação básica, de maneira a garantir sua qualidade.

3. Garantir o direito de todos à alfabetização, à escolarização e à continuidade do processo educativo

A Constituição de 1988 assegurou a todos os cidadãos o direito ao ensino fundamental público e gratuito, independentemente da idade.

É dever da União, estados e municípios garantir lugar e progressão a todos na escola, bem como as condições para sua permanência no sistema de ensino. A Constituição prevê o mandado de injunção para aqueles que ficaram privados desse direito.

Para tanto, faz-se necessário, além da oferta de ensino básico para todas as crianças, ampliar os serviços educacionais de pré-escola e educação especial, assumir, no sistema, a educação de jovens e adultos e dos trabalhadores.

Uma política de atendimento para todos requer a ampliação de vagas e distribuição de recursos para todas as faixas etárias, sem discriminação, complementada por políticas de formação, pesquisa, produção de materiais didáticos e de leitura que atendam a esta diversidade de ofertas de ensino básico.

Um plano nacional de alfabetização tem, portanto, que assegurar, no sistema público de ensino, ações integradas de educação de crianças, jovens e adultos.

4. Ampliar substancialmente os recursos para a educação básica

A democratização do acesso à educação básica no Brasil requer investimentos substanciais na ampliação, manutenção e recuperação da rede física de escolas, na formação, reformulação da jornada de trabalho e recuperação salarial do magistério, na pesquisa educacional, na elaboração de materiais didáticos, além de uma política de apoio ao estudante, com subsídios à alimentação, transporte e material escolar, com recursos distintos.

A Constituição, que determina a vinculação ao setor educacional da receita oriunda de impostos e transferências, estabelecendo um mínimo de 18% para a União e 25% para os estados e municípios, diz, nas disposições transitórias, que 50% desses recursos devem obrigatoriamente ser destinados à universalização do ensino fundamental e à eliminação do analfabetismo, nos dez anos seguintes à promulgação da Constituição, o que não vem sendo respeitado. Tampouco a lei que regulamenta o salário-educação tem sido observada, pois os recursos dele oriundos deveriam ser aplicados exclusivamente no ensino básico, o que não vem ocorrendo, por falta de uma conceituação precisa do que seja manutenção e desenvolvimento do ensino. Faz-se então, urgente, exigir do Poder Executivo e dos legisladores a revisão de sua destinação. Indispensável, também, garantir o estabelecimento de um sistema efetivo de cooperação entre as esferas públicas (União-estados-municípios), uma vez que, em face de uma equivocada política de municipalização do ensino, aos municípios têm sido repassados serviços e responsabilidades incompatíveis com seus recursos financeiros e estrutura. Além disso é necessária a criação de meios que possibilitem à sociedade civil um controle efetivo dos recursos públicos, repudiando qualquer forma de favoritismo político.

Os recursos hoje constitucionalmente previstos são insuficientes frente às necessidades acumuladas. Torna-se necessário, portanto, desenvolver uma política de captação de novos recursos para a educação, atribuindo-lhe uma parcela mais significativa do Produto Interno Bruto.

Nesse sentido, como mais uma alternativa, apoiamos a posição assumida pelos países latino-americanos em Quito, de recomendar a utilização pelos países devedores de parte dos recursos destinados ao pagamento da dívida externa em programas de alfabetização e educação básica, a fundo perdido. A aplicação desses recursos deverá ser fiscalizada pela sociedade civil, através das instituições representativas de classe envolvidas com a Educação.

Exigimos dos poderes públicos o rigoroso cumprimento da Constituição no tocante à aplicação da cota mínima do orçamento em educação nas três esferas de governo e no emprego de 50% dos recursos para a superação do analfabetismo e universalização do ensino básico.

5. Valorizar o magistério, promover a formação dos educadores e a pesquisa em alfabetização

Os baixos salários, as más condições de trabalho e a precária formação do magistério constituem limitações objetivas à universalização do ensino básico no Brasil.

Faz-se urgente *elevar os padrões de remuneração do magistério* e superar as profundas desigualdades hoje existentes entre as regiões do país, mediante o estabelecimento de um *piso salarial nacional* que garanta aos professores condições dignas de vida, compatíveis com a responsabilidade social e política de sua função.

É necessário assegurar aos professores um estatuto que garanta uma perspectiva de *carreira* que incentive sua permanência no magistério, sua ascensão funcional por qualificação bem como uma *jornada de trabalho* que contemple períodos de preparação de aulas e estudo, de maneira a viabilizar sua atualização pedagógica e formação em serviço.

A melhoria dos salários e condições de trabalho dos professores é condição necessária, porém não suficiente, para a melhoria do ensino básico, o que requer uma *política permanente de formação* e *aperfeiçoamento dos educadores*.

Embora a legislação em vigor defina um mínimo para formação do magistério em cursos de 2º grau, parcela significativa dos professores em exercício no país é constituída por leigos; mesmo os professores habilitados apresentam uma formação extremamente precária.

Uma política de formação dos educadores deveria ampliar e qualificar os cursos de magistério de 2º grau, criando uma área no currículo especificamente voltada para formação de professores alfabetizadores, elevando a oferta de profissionais habilitados e proporcionando a habilitação dos leigos que exercem o magistério.

As universidades são, em grande medida, responsáveis pela melhoria da formação do magistério. Cabe-lhes assumir, com maior ênfase do que a atual, a pesquisa de alternativas pedagógicas, o resgate e o apoio à sistematização da prática, a divulgação de inovações, a formação de novos professores e a sua integração com a comunidade escolar para a elaboração de propostas conjuntas de aperfeiçoamento de professores.

6. Garantir participação conjunta de governo e sociedade civil na definição de princípios e diretrizes da política nacional de alfabetização

O governo federal não deve impor à sociedade civil um programa de alfabetização. Um programa dessa natureza, além de implicar a cooperação efetiva entre estados, municípios e União, deve ser formulado e acompanhado por uma comissão nacional, composta por representantes das três esferas governamentais (MEC, Consed, Undime), bem como por representantes de entidades nacionais, como OAB, CNBB, CUT etc.

São Paulo, setembro de 1990.

11

O papel dos municípios[3]

O compromisso de garantir o acesso e permanência na escola a todos, em qualquer faixa etária, tem por decorrência necessária a implantação de serviços educativos de natureza pública, destinados à população jovem e adulta.

A implantação de serviços municipais de educação de jovens e adultos encontra vários níveis de justificativas. O primeiro deles relaciona-se à realidade educacional da população, que apresenta numeroso contingente de jovens e adultos analfabetos ou com baixa escolaridade, inclusive nas fileiras do funcionalismo público municipal. O analfabetismo e os baixos níveis de instrução atingem principalmente a população trabalhadora de baixa renda, com a qual as administrações municipais populares firmaram compromisso político de atendimento prioritário, inclusive no que concerne às carências educacionais. Os grupos populares, ainda que de forma difusa e desigual, manifestam tal necessidade, reivindicando a ampliação das oportunidades educacionais para os jovens e adultos trabalhadores. Por fim, a erradicação

3. Este texto é parte das conclusões elaboradas pelo Fórum de Políticas Municipais de Educação de Jovens e Adultos que se reuniu no segundo semestre de 1989, com representantes de onze municípios (Americana, Campinas, Cosmópolis, Diadema, Piracicaba, Porto Alegre, Rio do Sul, Santo André, Santos, São Bernardo do Campo e São Paulo), sob a coordenação do Cedi (Centro Ecumênico de Documentação e Informação). O texto completo foi publicado pelo Cedi na Série *Documentos*, n. 5, 1990.

do analfabetismo e a universalização do ensino fundamental são consideradas pela Constituição como dever do poder público, que deve aplicar para este fim, durante dez anos, 50% dos recursos oriundos da receita de impostos e vinculados à educação (artigo 60 das Disposições Transitórias).

A criação de serviços de educação de jovens e adultos tem como princípio fundamental a defesa de um ensino de qualidade, entendido como aquele que assegure aos indivíduos elementos para a realização da plena cidadania, portanto, de seus direitos políticos, econômicos e sociais. A educação que se pretende está comprometida, assim, com um projeto de mudança de vida a ser assumida como luta coletiva de educadores, educandos, comunidade e poder público.

1. Construção da escola pública popular

É necessário implementar uma política capaz de *resgatar a qualidade da escola pública* e criar condições para combater a evasão e a repetência que expulsam da escola os alunos oriundos da classe trabalhadora, frequentemente tratados como cidadãos de segunda categoria, despojados do direito a um ensino de qualidade e adequado às suas condições de estudo. Buscamos construir um outro modelo de escola para os excluídos, para os jovens e adultos trabalhadores. Não queremos produzir um engodo para encobrir a seletividade do sistema de ensino e o sucateamento da escola pública promovido pelo Estado no período recente. Criticamos as concepções que conferem à educação de adultos um caráter compensatório, mera reposição de escolaridade regular perdida, ignorando-a como educação para trabalhadores. Essas visões, que inspiram a criação do ensino supletivo, cometem um equívoco de princípio: tomam a escola regular como modelo de referência para a educação de adultos. Consideramos necessária a construção de um novo parâmetro de escola para o trabalhador, cuja estrutura, formas de organização, conteúdos produzidos e veiculados tenham por referência principal o mundo do trabalho.

Uma *escola pública popular* não é apenas aquela à qual todos têm acesso, mas aquela de cuja construção todos podem participar, aquela que atende realmente aos interesses da maioria. É, portanto, uma escola com uma *nova qualidade*, que não será medida apenas pelo conhecimento socializado, mas pela solidariedade humana que tiver construído, pela consciência social e democrática que tiver formado, pelo repúdio que tiver manifestado aos preconceitos de toda ordem e às práticas discriminatórias correspondentes. Nela, todos os agentes possuem papel ativo, dinâmico, experimentando novas formas de aprender, trabalhar e participar.

2. Transitoriedade *versus* institucionalidade

Postulamos a construção de uma educação pública popular e democrática, tendo por meta o acesso de todos à educação fundamental na infância. Tomando este horizonte histórico, consideramos que os projetos de escolarização básica de adultos, tal como se desenvolvem atualmente, têm um caráter transitório, tendendo a esgotar-se quando a sociedade puder assegurar, no tempo próprio, escolarização para todos. Considerando que a educação é um processo permanente, que se desenvolve ao longo de toda vida, a educação de adultos deverá assumir novas formas quando o acesso à educação fundamental for garantido para todos na infância e juventude.

As prefeituras que compõem o fórum vêm procurando ampliar o atendimento educacional aos jovens e adultos, seguindo ritmos e estratégias diferenciadas de acordo com as dimensões dos municípios, os recursos disponíveis e as diretrizes políticas adotadas.

3. Modalidade de ampliação

A ampliação do atendimento escolar aos jovens e adultos nas prefeituras participantes deste Fórum vem se dando através de três modalidades básicas, por vezes combinadas entre si:

a) *Alfabetização de funcionários municipais* (Porto Alegre, São Bernardo do Campo, Santo André, São Paulo, Cosmópolis, Rio do Sul, Piracicaba). O diagnóstico educacional efetuado pelas prefeituras detectou elevados índices de analfabetismo entre os funcionários municipais, particularmente entre os operacionais e empregados de serviços urbanos. Esta modalidade tem sido enfatizada dentro de uma política mais ampla de valorização do servidor público municipal e de resgate da sua função social, desgastada pela sub-remuneração do funcionalismo e por práticas de clientelismo, corrupção, acomodação e desrespeito aos cidadãos e contribuintes. Compreende-se que a oferta de serviços públicos de qualidade para a população implica investimento na formação dos recursos humanos, dentre os quais insere-se a alfabetização, realizada preferencialmente durante a jornada e no local de trabalho.

b) *Atendimento escolar pelas redes de ensino através de cursos supletivos*, integrado à política de educação básica regular (Diadema, São Paulo, Campinas, Americana, Santos, Porto Alegre, Cosmópolis; em projeto em Santo André e São Bernardo do Campo). Esta modalidade corresponde ao atendimento escolarizado amplo da população pelas redes municipais de ensino, na perspectiva já mencionada de institucionalização dos serviços de educação de jovens e adultos.

c) *Apoio financeiro e pedagógico aos grupos populares que realizam alfabetização e pós-alfabetização de adultos nas comunidades*, no sentido de apoiar iniciativas populares existentes e buscando imprimir à educação de adultos um caráter de convocação da sociedade civil na direção de um projeto cultural popular (São Bernardo do Campo, São Paulo, Piracicaba).

A ênfase em uma ou outra modalidade varia de município para município, por diferenças de características dos sistemas educacionais herdados das gestões anteriores e também por diferentes visões quanto às relações entre o poder público e os movimentos na tarefa da alfabetização de jovens e adultos.

4. Campanha ou não campanha?

Uma das polêmicas recorrentes no debate das políticas de educação de adultos refere-se à eficácia e oportunidade de promoção de campanhas de alfabetização de massa.

As administrações municipais que constituem este fórum posicionam-se criticamente em relação às campanhas tradicionais de alfabetização por um conjunto de razões, dentre as quais destacam:

a) A proposta de campanha de alfabetização em massa está impregnada pela ideia de erradicação do analfabetismo num curto espaço de tempo. Desconsiderando que a eliminação do problema depende antes de mudanças de longo prazo nas condições econômicas, sociais e educacionais que conduzem à produção do analfabetismo.

b) As campanhas de alfabetização costumam ser implementadas num ritmo único em toda sua área de abrangência e dotadas de uma estrutura fortemente centralizada e unificada no desenvolvimento das atividades pedagógicas e da produção de materiais didáticos.

Por outro lado, as administrações que compõem o Fórum reconhecem que a dimensão do problema do analfabetismo exige resposta urgente e incisiva, e que a capacidade de atendimento das redes de ensino muitas vezes é insuficiente para fazê-lo, particularmente nos grandes centros urbanos que atraem correntes migratórias.

Consideram ainda importante buscar a colaboração da sociedade civil organizada para a tarefa da alfabetização de adultos e apoiar aqueles grupos que já a desenvolvem no meio popular.

Neste contexto, privilegiam a organização de *movimentos de alfabetização*, cujo desenvolvimento seja processual, e não datado como as campanhas. Propõem que tais movimentos construam sua unidade filosófica em torno de princípios político-pedagógicos, porém preservem a diversidade nas formas práticas de atuação, respeitando as diferenças culturais, de ritmo e organização das comunidades em que a alfabetização de adultos se realiza.

5. Relação das prefeituras com os movimentos populares de alfabetização

Há décadas que organizações populares (associações de moradores, sindicatos, comunidades de base etc.) desenvolvem, nos meios urbano e rural, práticas de educação de jovens e adultos, grande parte das quais voltadas à alfabetização.

Com a redemocratização das instituições políticas na década de 1980, alguns destes grupos passaram a receber apoio pedagógico e financeiro de órgãos governamentais, como a Fundação Educar e prefeituras municipais.

Os grupos populares argumentam que o apoio governamental às atividades de educação de adultos é legítimo, na medida em que oferecem à população um serviço gratuito de caráter público, num campo em que a oferta de escolarização por parte do Estado é reconhecidamente insuficiente. Quando obtêm esse apoio, porém, os grupos populares se defrontam com novas dificuldades representadas pelo esforço de gerenciamento dos projetos somado às tentativas de cooptação e controle exercidas pelos organismos governamentais. Para os movimentos de educação de adultos, o desafio maior colocado pelo apoio estatal é a preservação de sua autonomia política e pedagógica o que só pode ser garantido através de um elevado nível de organização.

As administrações municipais progressistas e populares têm o duplo compromisso de gestão democrática dos recursos públicos e apoio aos movimentos populares com respeito a sua autonomia. Reconhecem, nos grupos populares que desenvolvem práticas de educação de adultos, potencialidades e motivações que caminham na direção da escola pública popular que se quer construir, como:

a) Ao exercitarem práticas educativas, os movimentos sociais desenvolvem critérios para criticar a escola pública atual e elaboram contribuições para um projeto alternativo e popular de educação;

b) A organização de movimentos sociais dedicados à educação incentiva a participação popular na gestão da escola pública;

c) As práticas de educação de adultos fortalecem o movimento popular e auxiliam na construção do sujeito histórico que promove, hoje e no futuro, as mudanças sociais e a democratização do Estado.

O apoio material e pedagógico das prefeituras aos grupos populares que promovem educação de adultos deve ocorrer sob duas condições básicas: que esse apoio não implique a desobrigação do dever que a administração municipal tem de oferecer a educação de adultos pública e de qualidade, e que ele seja dado em condições que respeitem e preservem a autonomia política e pedagógica dos grupos populares.

12

Diretrizes nacionais[4]

1. Conceito de educação básica de jovens e adultos

A educação básica de jovens e adultos é aquela que possibilita ao educando ler, escrever e compreender a língua nacional, o domínio dos símbolos e das operações matemáticas básicas, dos conhecimentos essenciais das ciências sociais e naturais, e o acesso aos meios de produção cultural, entre os quais o lazer, a arte, a comunicação e o esporte.

O conceito de EJA (Educação de Jovens e Adultos) amplia-se ao integrar processos educativos desenvolvidos em múltiplas dimensões: a do conhecimento, das práticas sociais, do trabalho, do confronto de problemas coletivos e da construção da cidadania.

A EJA ultrapassa o âmbito das ações que se desenvolvem na escola, acontecendo nos movimentos sociais, como, por exemplo, nos sindicatos, associações de bairro, conselhos de moradores, comunidades eclesiais de base, movimentos dos sem-terra e comissões interinstitucionais de saúde, entre outros.

4. Documento elaborado em 1994 pela Comissão Nacional de Educação de Jovens e Adultos, da qual participaram: Antônio Carlos Mendes Gomes, Célio da Cunha, Cláudio Roberto Mendonça Schiphorst, Consuelo Luiza Gonzalez Jardon, Divonzir Arthur Gusso, José Peixoto Filho, Leandro Rossa, Leila Guimarães Abreu, Maria Aglaê de Medeiros Machado, Mariana Reis Raposo, Marisa Antonia Pereira, Moacir Gadotti, Normando Batista Santos, Paulo Sérgio Barbosa Pirassol, Pedro Benjamim Garcia, Ricardo Young Silva, Sérgio Haddad e Sônia Maria Portella Kruppa. Este texto teve a colaboração de Maria Clara di Pierro.

Esta educação permite a compreensão da vida moderna em seus diferentes aspectos e o posicionamento crítico do indivíduo face à sua realidade. Deve, ainda, propiciar o acesso ao conhecimento socialmente produzido que é patrimônio da humanidade.

2. A realidade da demanda por educação de jovens e adultos

A realidade da demanda potencial por EJA é tão grave que ultrapassa o próprio ensino regular. Ademais, repete-se neste tipo de educação, a seletividade e exclusão características desta modalidade de ensino.

Toda esta demanda potencial nem sempre se efetiva com base nas condições socioeconômicas atuais do país.

A procura por escolarização varia muito entre as zonas rurais e urbanas, as regiões geográficas, as faixas etárias e o sexo, sendo afetada, também, pela estrutura setorial do emprego e a competitividade do mercado de trabalho local.

A oferta terá de ser resolvida dentro do quadro educacional que a gera. Impossível se pensar em erradicação do analfabetismo e elevação do nível de escolarização da população, se o sistema educacional, como um todo orgânico, não responder com qualidade sua tarefa independente de idade.

Os horizontes que devem nortear o tratamento desta demanda são os da construção da cidadania e, também, a rápida internacionalização da economia no nível mundial, a necessidade de se ter competitividade em todos os setores econômicos e a consequente qualificação da mão de obra para possibilitar este saldo qualitativo.

3. Especificidade da educação de jovens e adultos

Para definir a especificidade de EJA, a escola não pode esquecer que o jovem e adulto analfabeto é fundamentalmente um trabalhador

— às vezes em condição de subemprego ou mesmo desemprego — e que está submetido a circunstâncias de mobilidade no serviço, alternância de turnos de trabalho, cansaço etc.

Deve-se levar em conta a diversidade destes grupos sociais: perfil socioeconômico, étnico, de gênero, de localização espacial e de participação socioeconômica. Sendo assim, requer pluralismo, tolerância e solidariedade na sua promoção, na oportunidade de espaços e na alocação de recursos.

Esta população chega à escola com um saber próprio, elaborado a partir de suas relações sociais e dos seus mecanismos de sobrevivência.

O contexto cultural do aluno trabalhador deve ser a ponte entre o seu saber e o que a escola pode proporcionar, evitando, assim, o desinteresse, os conflitos e a expectativa de fracasso que acabam proporcionando um alto índice de evasão.

A EJA não deve ser uma reposição da escolaridade perdida, como normalmente se configuram os cursos acelerados nos moldes do que tem sido o ensino supletivo. Deve, sim, construir uma identidade própria, sem concessões à qualidade de ensino e propiciando uma terminalidade e acesso a certificados equivalentes ao ensino regular.

4. Gestão democrática

A escola pública é também um espaço de gestão democrática e, por isso, deve estabelecer mecanismos de participação do povo organizado na definição e controle da política educacional.

Desse modo, as propostas educativas dirigidas aos jovens e adultos deverão contar com processos que descentralizem, impulsionem e organizem, de forma democrática, a gestão das ações pedagógicas, administrativas e político-sociais, garantindo a participação da população interessada no planejamento, execução e avaliação dos serviços educativos a ela destinados.

Compartilhando a escola, da responsabilidade para com a EJA, terá ela de abrir-se à comunidade, aceitando a intervenção desta como uma possibilidade de renovação e elevação da qualidade dos serviços educativos que presta, bem como terá de articular-se com programas desenvolvidos pelas entidades organizadas da sociedade civil, os projetos populares, os clubes de serviços e outros, para o intercâmbio de experiências e avanço mútuo.

A democratização da gestão deve permitir, ainda, uma maior visibilidade e fiscalização dos recursos públicos empregados na educação básica de jovens e adultos.

5. Financiamento da educação de jovens e adultos

Os recursos destinados à educação básica de jovens e adultos tiveram, durante muitos anos, um caráter de excepcionalidade, originários de incentivos da receita federal, pela indicação voluntária de porcentagem do imposto de renda das pessoas jurídicas e para a formação profissional nas empresas.

Nota-se, mais recentemente, uma ausência de critérios públicos de alocação de recursos financeiros e um claro processo de redução dos seus montantes.

6. Educação de jovens e adultos e trabalho

A EJA das camadas populares tem de, necessariamente, assumir como princípio ordenador o mundo do trabalho. Nele, há que se considerar duas vertentes: a do questionamento das relações que engendram a sociedade e a da instrumentalização para exercer a atividade laboral. Tanto quanto possível, a educação básica de jovens e adultos deverá correlacionar essas duas vertentes ao mesmo tempo em que se desenvolve o domínio de um conhecimento crítico para questionar a realidade e transformá-la.

7. Formação e condições de trabalho dos educadores de jovens e adultos

Os professores que trabalham na EJA, em sua quase totalidade, não estão preparados para o campo específico de sua atuação. Em geral, são professores leigos ou pertencentes ao próprio corpo docente do ensino regular. Note-se que, na formação de professores, em nível médio e superior, não se tem observado preocupação com o campo específico da educação de jovens e adultos. Deve-se também considerar as precárias condições de profissionalização e de remuneração dos docentes.

São elementos fundamentais tanto a profissionalização quanto a formação adequada dos professores de jovens e adultos. Não se obterá ensino de qualidade sem um corpo docente qualitativamente preparado para o exercício de suas funções e, muito menos, com precária situação no que respeita à remuneração e condições de trabalho.

Constata-se que a EJA não tem recebido atenção adequada, o que se reflete nos processos de formação de educadores, na falta de uma carreira específica, de políticas salariais e jornada de trabalho.

8. Qualidade, currículo e metodologia

As experiências inovadoras que almejam uma nova qualidade em educação básica de jovens e adultos, orienta-se na perspectiva epistemológica que toma o jovem e o adulto como construtores de conhecimentos, interagindo com a natureza e o mundo social, tendo como ponto fundamental o respeito à cultura dos sujeitos.

No entanto, a maioria das iniciativas no campo da EJA não tem configurado um atendimento qualitativo satisfatório. A falta de uma política clara tem provocado a implantação destes serviços de maneira precária e pedagogicamente inconsistente. As práticas pedagógicas não se conformam ao específico da educação de jovens e adultos, reproduzindo, muitas vezes o ensino regular de maneira inadequada e facilitadora.

9. Materiais didáticos

A produção, a disseminação e a avaliação de material didático próprio à educação de jovens é insuficiente, dificultando as ações dos diversos setores envolvidos.

10. Avaliação de programas, documentação e pesquisa

O diagnóstico e o planejamento das ações da educação de jovens e adultos têm sido prejudicados pela escassez e inconsistência das estatísticas oficiais. Por outro lado, há necessidade de se ter um corpo sistemático de conhecimentos na área da EJA para subsidiar a prática pedagógica.

Observa-se que as universidades e os centros de pesquisa têm sido pouco presentes ao enfrentar os desafios colocados pela EJA.

São escassos os centros de documentação que resgatam as experiências e pesquisas, passadas e atuais, em nível governamental e não governamental e que possam vir a apoiar as novas ações e estudos que estão sendo propostos.

11. Educação de jovens e adultos e meios de comunicação

Os meios de comunicação, pelo seu potencial de mobilização, de divulgação e de apoio, e por alcançarem todo o território nacional, devem ser aliados da mais alta relevância para o pleno êxito das ações de educação de jovens e adultos.

A televisão, em particular, por ter alcançado elevado padrão de qualidade e extensa penetração junto à sociedade, tem forte impacto na conformação da cultura, devendo, assim, ser mobilizada a contribuir mais diretamente com a EJA.

12. Linhas de ação

1ª) Quanto à demanda de EJA

- ampliar a oferta de educação básica para os jovens e adultos excluídos do sistema regular de ensino, e mantê-la enquanto não tiver sido assegurada a todos a efetiva oportunidade de acesso e progressão com sucesso à escola fundamental na idade própria;
- propor à escola redimensionar o seu atendimento a jovens e adultos, encontrando modos que, sem renunciar à sua função precípua de preservação, transmissão e produção do conhecimento, possam efetivamente ir ao encontro dos limites impostos pelas condições concretas de vida da população trabalhadora.

2ª) Quanto à especificidade de EJA

- adotar modelos de atendimento em EJA que convirjam para as diferentes necessidades e situações concretas de vida da população, respeitando suas características de aluno trabalhador;
- considerar na EJA, as características psicossociais próprias do jovem e do adulto que nunca foi à escola ou que volta aos bancos escolares e a diversidade de situações a que eles estão submetidos, além das habilidades e conhecimentos comuns aos diversos sistemas que dão base à construção de uma identidade nacional;
- promover maior flexibilidade na metodologia, na organização curricular e na duração dos programas de atendimento educacional, tendo em vista as características culturais, sociais e econômicas dos grupos atendidos;
- avaliar contínua e sistematicamente a educação de jovens e adultos dadas as suas características de flexibilidade e diversidade;

- apoiar propostas feitas pelos movimentos sociais e/ou instituições da sociedade civil para a satisfação das necessidades educacionais com vistas a resolver problemas específicos.

3ª) Quanto à gestão democrática

- assegurar eficaz transparência e controle social dos mecanismos de financiamento, da operacionalização, dos resultados das políticas adotadas e dos programas realizados;
- criar espaços públicos e canais à contínua participação da sociedade civil organizada, viabilizando a democratização da formulação, acompanhamento e avaliação das políticas públicas de educação de jovens e adultos;
- incentivar a participação de associações, conselhos, sindicatos, igrejas, comissões de educação, comunidade escolar, projetos populares e clubes de serviço, entre outros, na execução da política de educação de adultos nos municípios;
- promover as propostas de abertura da escola à comunidade, estimulando a intervenção ativa desta para a elevação da qualidade educacional;
- articular os programas de educação de adultos da rede pública com as experiências de educação de adultos que fluem no interior dos movimentos populares.

4ª) Quanto ao financiamento da EJA

- ampliar substancialmente os recursos financeiros destinados à educação de jovens e adultos nas diversas esferas de Governo, de modo a criar condições para superar os enormes desafios colocados para atender às necessidades educacionais destes segmentos etários;

- assegurar que os percentuais mínimos de dotação orçamentária da receita tributária da União, estados e municípios a serem obrigatoriamente aplicados na educação básica incluam o atendimento a jovens e adultos;
- respeitar os critérios de prioridade de alocação de recursos definidos participativamente em cada nível de governo, e propiciar mecanismos de controle que garantam a transparência da distribuição e aplicação destes recursos;
- tornar transparente e democratizar a gestão dos fundos formados por contribuições das empresas e direcionados ao ensino básico e profissional;
- alocar recursos nos três níveis governamentais para formação e aperfeiçoamento de profissionais que atuam na EJA.

5ª) Quanto à EJA e trabalho

- promover a negociação ampla com setores públicos e privados para possibilitar a presença do trabalho no processo educativo e vice-versa;
- estimular a articulação entre os responsáveis pelas políticas de emprego e os órgãos educacionais;
- estabelecer uma política de incentivo para as empresas engajarem-se no esforço de alfabetização de seus funcionários;
- fomentar o desenvolvimento da educação básica de jovens e adultos nas empresas públicas e privadas e durante a jornada de trabalho, sob a orientação do sistema de ensino, garantindo a continuidade dos estudos;
- estimular os empregadores a liberarem os funcionários de parte da jornada de trabalho para cursos de formação;
- articular com as escolas técnicas e agências de formação profissionalizante cursos de curta duração, para iniciação profissional de alunos matriculados nos cursos de suplência de 1º grau.

6ª) *Quanto à formação e condições de trabalho dos educadores de jovens e adultos*

- incentivar os cursos de magistério, as faculdades de pedagogia e cursos de pós-graduação a contemplarem a EJA em seus currículos;
- recuperar a seriedade e a consistência dos cursos de formação de magistério, oferecendo-se uma base sólida comum a todo professor que queira atuar no ensino fundamental — para crianças, jovens e adultos — base essa que incluirá, necessariamente, a teoria e a prática da alfabetização;
- incentivar a adoção de estágio obrigatório de um período letivo em classes de EJA, como estratégia de formação de recursos humanos e de apoio ao professor alfabetizador no trabalho;
- estimular a profissionalização do educador de adultos pelo sistema público de ensino, inserindo-o na carreira do magistério, através de mecanismos de recrutamento e contratação semelhantes aos da educação infantil;
- incentivar o Estado a proceder à formação dos recursos humanos necessários ao desenvolvimento da educação pública requerida pela sociedade, incluindo nessa perspectiva a formação de professores que estejam aptos em educação de adultos para atender com qualidade a demanda de educação básica dessa população;
- estabelecer, na perspectiva de carreira única, condições de isonomia de trabalho e salário dos profissionais da educação, de acordo com a habilitação;
- implantar cursos de extensão e especialização em educação de adultos para profissionais de EJA em exercício;
- viabilizar processos de capacitação permanente dos profissionais de educação de adultos por meio de programas de formação e aperfeiçoamento do magistério que envolvem do ensino a distância até o treinamento em serviço;

- buscar apoio das universidades, faculdades de educação e escolas normais no desenvolvimento de programas de aperfeiçoamento de professores e habilitação de leigos;
- fazer dos Centros de Estudos Supletivos e outros equipamentos equivalentes, locais de atendimento não só a alunos, mas, também, aos professores de jovens e adultos;
- propiciar momentos de encontro de educadores de jovens e adultos;
- recomendar que o professor que atua em programas de organizações não governamentais financiados pelos organismos do governo tenha direito à remuneração, além de capacitação e apoio técnico.

7ª) *Quanto à qualidade, currículo e metodologia*

- apoiar experiências curriculares voltadas à consecução de uma nova qualidade e que tome o jovem e o adulto como construtores de conhecimentos;
- resgatar a cultura popular como elemento fundamental no processo de elaboração do saber;
- definir participativamente parâmetros de qualidade para a EJA, garantindo as condições para sua exequibilidade;
- estimular a elaboração e implantação de currículos e metodologias próprias à EJA;
- estimular o trabalho de integração entre a prática e a teoria no processo de alfabetização de jovens e adultos;
- estimular e facilitar o domínio e os recursos dos avanços tecnológicos nas comunicações, teleprocessamento e informática aos setores que atuam no campo de educação como um todo, evitando sua apropriação apenas por grupos privilegiados.

8ª) Quanto aos materiais didáticos

- beneficiar os jovens e adultos atendidos em educação fundamental com programas suplementares previstos constitucionalmente: material didático, escolar, transporte, alimentação e assistência à saúde;
- estimular a produção e circulação de material de leitura para jovens e adultos;
- buscar apoio das universidades, faculdades de educação e escolas normais na produção de material didático e material para o neoleitor jovem e adulto;
- criar uma política de incentivos para a produção de textos para leitura de alfabetizandos e recém alfabetizados envolvendo estímulos e editoras e escritores, equipamentos de reprodução, materiais de impressão etc.;
- ampliar, por meios impressos e multimeios, a elaboração, produção, distribuição e avaliação de materiais didáticos próprios à EJA, em especial aqueles destinados às etapas de pós-alfabetização, e aos conteúdos relacionados aos problemas sociais coletivos em seu contexto estrutural (drogas, sexualidade, proteção à infância, Aids, violência, educação do consumidor, orientação profissional, entre outros).

9ª) Quanto à avaliação de programas, documentação e pesquisa

- acompanhar, avaliar e divulgar resultados de ações e experiências pedagógicas de educação básica de jovens e adultos;
- incentivar a pesquisa, a documentação e circulação de informações no campo da EJA, bem como o apoio às várias instituições públicas e da sociedade civil que desenvolvem práticas consistentes neste campo da educação;
- definir e implementar um sistema dinâmico de informação estatística e documental para a EJA;

- atribuir a órgão nacional:
  a) a coordenação de dados básicos, documentação, informação e divulgação e o incentivo a estudos e pesquisas na área da EJA;
  b) a difusão de propostas pedagógicas para a EJA;
  c) o estímulo à produção e desenvolvimento de redes de material didático;
  d) o estabelecimento de parcerias visando à oferta de programas de capacidade de educadores de adultos;
- buscar o apoio das Universidades para o desenvolvimento de pesquisas, avaliação, bem como produção de conhecimento na área;
- incentivar a implementação de redes que disseminem amplamente as experiências em curso, os resultados de avaliações, a memória dos movimentos, os avanços da pesquisa e da construção de novos métodos, técnicas e formas de organização de EJA;
- divulgar, periodicamente, inventários críticos dos estudos e pesquisas e da produção de planos, métodos, livros e materiais de ensino destinados à educação de jovens e adultos, disseminando amplamente seus resultados e recomendações;
- ampliar e aperfeiçoar os mecanismos de cooperação e intercâmbio entre governos internacionais, alargando o acesso dos programas de educação de jovens e adultos às oportunidades de captação, transferências e parcerias em pesquisa e desenvolvimento e experimentos de educação de jovens e adultos.

10ª) Quanto à EJA e meios de comunicação

- incentivar os meios de comunicação social a desenvolver campanhas permanentes, visando à valorização, construção e aquisição do saber, como forma de melhoria da qualidade de vida;

- utilizar os meios de comunicação de massa para mobilização de analfabetos e alfabetizadores;
- utilizar os meios de comunicação para formação e atualização dos educadores de jovens e adultos;
- incentivar as redes educativas e comerciais de rádio e televisão a desenvolver sistemas de produção, emissão e recepção organizada de programas educativos destinados à população jovem e adulta.

Bibliografia

AEC/ABESC. *Diretrizes e bases da educação nacional*. Brasília: CNBB, 1989.

ANDE. *Lei de diretrizes e bases da educação nacional*. São Paulo: Cortez/Ande, 1990. (Texto aprovado na Comissão de Educação, Cultura e Desporto da Câmara dos Deputados, com comentários de Demerval Saviani e outros.)

BEISIEGEL, Celso de Rui. *Política e educação popular*. São Paulo: Ática, 1989.

BRANDÃO, Carlos Rodrigues. *O que é método Paulo Freire*. São Paulo: Brasiliense, 1981.

______. *Saber e ensinar*: três estudos de educação popular. Campinas: Papirus, 1984.

______. Educação alternativa na sociedade autoritária. In: PAIVA, Vanilda Pereira (Org.). *Perspectivas e dilemas da educação popular*. Rio de Janeiro: Graal, 1984a.

BRASIL. MEC. *Programa nacional de alfabetização e cidadania*. Brasília: MEC, 1991.

______. *Diretrizes para uma política nacional de Educação de Jovens e Adultos*. Brasília: MEC/SEF, 1994. (Série Cadernos de Educação Básica.)

CÂMARA DOS DEPUTADOS. Projeto de Lei n. 1.258. Autoria: Deputado Octávio Eliseu. Brasília: Centro Gráfico do Senado Federal, 1989.

______. Projeto de Lei n. 2.150. Autoria: Deputado Osvaldo Sobrinho. Brasília: Câmara dos Deputados, 1989.

______. Projeto de Lei n. 2.926/89 de Diretrizes e Bases da Educação Nacional. Autoria: Deputado Paulo Delgado. Brasília: Câmara dos Deputados, 1989.

______. Projeto de Lei de Diretrizes e Bases da Educação Nacional. Brasília: Centro Gráfico do Senado Federal, 1989. (Substitutivo do Relator Deputado Jorge Hage.)

CAMPOS, Maria Regina Machado de; CARVALHO, Maria Apparecida de. *A educação nas Constituições brasileiras*. Campinas: Pontes, 1991.

CASTRO, Amélia Domingues de et al. *Didática para a escola de 1º e 2º graus*. 2. ed. São Paulo: Edibell, 1972.

CEDI. *Educação de jovens e adultos*: subsídios para elaboração de políticas municipais. Fórum de Políticas Municipais de Educação de Jovens e Adultos. São Paulo: Cedi, 1990. (Série Documentos, n. 5.)

CENTRO LUIZ FREIRE. *Alternativas educacionais*, Recife, revista do Grupo Alternativas Educacionais do Centro Luiz Freire, ano I, n. 1, out. 1991.

CHAGAS, Valnir. *Educação brasileira*: o ensino de 1º e 2º graus — antes, agora e depois? São Paulo: Saraiva, 1978.

COLLARES, Darli. Alfabetização de adolescentes e adultos: a reflexão de uma experiência. In: SILVA, Dinora Fraga (Org.). *Para uma política educacional de alfabetização*. Campinas: Papirus, 1991. p. 217-243.

CONSED. *Contribuição do Conselho Nacional de Secretários de Educação à discussão sobre a nova Lei de Diretrizes e Bases da Educação*. Consed, XXI Fórum Nacional de Secretários de Educação, 1988. (Mimeo.)

CONSEME. *Súmula ao encontro estadual sobre a nova lei de diretrizes e bases da educação nacional*. Porto Alegre: FAMURS, 1989. (Mimeo.)

CORAZZA, Sandra Mara. *Tema gerador*: concepções e práticas. Ijuí: Unijuí, 1992.

DEMO, Pedro. *Avaliação qualitativa*. São Paulo: Cortez/Autores Associados, 1987.

FERREIRA, Maria José Duarte. Princípios político-pedagógicos do MOVA-SP. *Caderno MOVA-SP*, São Paulo, Secretaria Municipal de Educação, n. 2, abr. 1990.

______. Reflexões sobre o processo metodológico de alfabetização. *Caderno MOVA-SP*, São Paulo, Secretaria Municipal de Educação, n. 3, jul. 1990a.

FREIRE, Paulo. *Pedagogia do oprimido*. Rio de Janeiro: Paz e Terra. 1975.

______. *A educação na cidade*. São Paulo: Cortez, 1991.

FREIRE-MAIA, *Newton. A ciência por dentro*. Rio de Janeiro: Vozes, 1991.

FURLANI, Lúcia Maria Teixeira. *Autoridade do professor*: meta, mito ou nada disso? São Paulo: Cortez/Autores Associados, 1991.

FURTER, Pierre. *Educação permanente e desenvolvimento cultural*. Petrópolis: Vozes, 1974.

GADOTTI, Moacir. *Escola vivida, escola projetada*. Campinas: Papirus, 1992.

______. Estado e educação popular: políticas de educação de jovens e adultos. *Paixão de Aprender*, Porto Alegre, Secretaria Municipal de Educação, p. 54-65, out. 1993. (Publicação trimestral.)

______. *Pedagogia da práxis*. São Paulo: Cortez/IPF, 1995.

GOLDMANN, Lucien. *Épistémologie et philosophie politique*. Paris: Denoël/Gonthier, 1978.

______; PEDRO, Jacobi. *Participação e descentralização*: a experiência educacional do município de São Paulo. Brasília: MEC, 1994. (Cadernos Educação Básica.)

______; TORRES, Carlos Alberto. *Estado e educação popular na América Latina*. Campinas: Papirus, 1992.

______. *Educação popular*: utopia latino-americana. São Paulo: Edusp/Cortez, 1994.

GRACIANI, Maria Stela Santos. MOVA-SP: uma experiência tentando esculpir a utopia. *Travessia*, São Paulo, v. 5, n. 12, p. 39-42, jan./abr. 1992.

HADDAD, Sérgio. *Estado e educação de adultos, 1964-1985*. São Paulo, 1991. Tese — Doutorado (História e Sociologia da Educação) — Setor de Ciências Humanas e Educação, Universidade de São Paulo.

HAGUETTE, André. *A luta pelo ensino básico*: uma proposta pedagógico-administrativa. Fortaleza: UFC, 1990.

HARA, Regina. *Ler, escrever, contar*: construção de cartilhas para alfabetização de adultos. São Paulo: Cedi, 1990.

IBGE. *Pesquisa nacional por amostra de domicílios*. Rio de Janeiro: IBGE, 1988.

INEP. Tendências na educação de jovens e adultos trabalhadores. *Em Aberto*, Brasília, ano 11, n. 56, out./dez. 1992.

JACOBI, Pedro R. Descentralização municipal e participação dos cidadãos: apontamentos para o debate. *Lua Nova*, São Paulo, Cedec/Marco Zero, 1990, n. 20.

LELIS, Isabel Alice Osvaldo Monteiro. *A formação da professora primária*: da denúncia ao anúncio. São Paulo: Cortez/Autores Associados, 1989. [2. ed. Cortez, 1993.]

MALGAIVE, Gerard. *Ensinar adultos*. Porto: Ed. Porto, 1995.

MEC. *Lei de Diretrizes e Bases da Educação*. Brasília: MEC, 1995. (Organização dos textos dos projetos e emendas em tramitação no Congresso Nacional, com o parecer do relator Darcy Ribeiro.)

MEDIANO, Zélia D. Avaliação da aprendizagem na escola de 1º grau. *Educação e Seleção*, São Paulo, Fundação Carlos Chagas, p. 11-20, jul./dez. 1987.

MELLO, Guiomar Namo de. *Magistério de 1º grau*: da competência técnica ao compromisso. São Paulo: Cortez/Autores Associados, 1982. [10. ed. Cortez, 1993.]

MST (Movimento dos Trabalhadores Rurais Sem Terra). *Alfabetização de jovens e adultos*. Porto Alegre: Coletivo Nacional de Educação, 1994. (Série Cadernos de Educação.)

NEILL, Alexander S. *Crianças de Summerhill*. Rio de Janeiro: Ibrasa, 1970.

NOVAES, Maria Eliana. *Professora primária*: mestra ou tia? São Paulo: Cortez/Autores Associados, 1984. [4. ed. Cortez, 1991.]

NUÑES, P. Ivan. Sindicato de Maestros, Estado y Políticas Educacionales en América Latina. In: FRANCO, Maria Laura; ZIBAS, Dagmar (Orgs.). *Final do século*: desafios da educação na América Latina. São Paulo: CLACSO-REDUC/Cortez, 1990.

PAIVA, Vanilda Pereira. *Educação popular e educação de adultos*. São Paulo: Loyola, 1970.

______. *Perspectivas e dilemas da educação popular*. Rio de Janeiro: Graal, 1984.

PEIXOTO FILHO, José Pereira. *Educação básica de jovens e adultos*: a trajetória da marginalidade. Tese (Doutorado) — Universidade Federal do Rio de Janeiro, Rio de Janeiro, 1994,.

PORTO ALEGRE. Prefeitura Municipal. Secretaria Municipal de Educação. *Projeto de pesquisa e ação em educação de jovens e adultos*. 1991.

______. Secretaria Municipal de Educação. *Cadernos do Seja* (Serviço de Educação de Jovens e Adultos), Porto Alegre, SME/PMPA, n. 1, 1993.

RIBEIRO, Darcy. *Os brasileiros*: teoria do Brasil. Petrópolis: Vozes, 1978.

______. Sobre o óbvio. *Encontros com a Civilização Brasileira*, Rio de Janeiro, n. 1, p. 9-22, jul. 1978.

RIBEIRO, Maria Luísa Santos. *A formação política do professor de 1º e 2º graus*. São Paulo: Cortez/Autores Associados, 1984.

RIBEIRO, Vera Maria Masagão et al. *Metodologia da alfabetização*: pesquisas em educação de jovens e adultos. Campinas: Papirus; São Paulo: Cedi, 1992.

ROMÃO, José Eustáquio. Ensino supletivo: educação consentida ou necessária? *AMAE Educando*, Belo Horizonte, n. 167, p. 10-14, out. 1984.

______. Alfabetização: postura política e ação pedagógica. *Tecnologia Educacional*, Rio de Janeiro, v. 19, n. 97, p. 21-26, nov./dez. 1990.

______. Gestão de experiências inovadoras em educação. In: CADEMARTORI, Ligia (Org.). *O desafio da escola básica*: qualidade e equidade.Brasília: Ipea, 1991. p. 218-29.

ROSSI, Wagner Gonçalves. *Capitalismo e educação*. São Paulo: Cortez e Moraes, 1978.

SÃO PAULO (Município). Prefeitura Municipal. Secretaria Municipal de Educação. *Projeto integrado de educação popular*: seminário intersecretarial de participação popular. 12 jun. 1990. (Mimeo.)

______. *O atendimento educacional de jovens e adultos trabalhadores no município de São Paulo*. 1989. 43 p.

______. MOVA-SP (Movimento de Alfabetização de Jovens e Adultos da Cidade de São Paulo). *Caderno MOVA-SP*, n. 1, out. 1989.

SAVIANI, Dermeval. *Escola e democracia*. São Paulo: Cortez/Autores Associados, 1989.

SENADO FEDERAL. Projeto de Lei n. 67. Autoria: Senador Darcy Ribeiro. Brasília: Centro Gráfico do Senado Federal, 1992.

______. Projeto de Lei n. 101. Lei de Diretrizes e Bases da Educação Nacional (substitutivo do relator Cid Saboia). Brasília: Centro Gráfico do Senado Federal, 1993.

______. Parecer n. 250. Autoria: Senador Cid Saboia de Carvalho. Brasília: Centro Gráfico do Senado, 1994.

______. Parecer do relator senador Roberto Requião s/n. Brasília: Centro Gráfico do Senado Federal, 1995.

SESI (Serviço Social da Indústria). *Relatório do Seminário Nacional de Educação de Adultos*. Rio de Janeiro: Sesi-DN, 1989.

______. *Proposta curricular para o ensino fundamental de adultos*. Brasília: Sesi — Departamento Nacional, 1992.

SILVA, Jefferson Ildefonso da. *Formação do educador e educação política*. São Paulo: Cortez/Autores Associados, 1992.

TIGRE, Adriana. Jovens e adultos aprendem a ler e escrever em casa. *Nova Escola*, São Paulo, v. 6, n. 50, p. 28-29, ago. 1991.

TORRES, Carlos Alberto. *The State, social movements, and educational. Policies in Latin America*: a study of municipal policies in São Paulo, Brazil. Los Angeles: UCLA, Research Plan, 1992.

______. *A política da educação não formal na América Latina*. São Paulo: Paz e Terra, 1992.

______. *Paulo Freire as secretary of education in the municipality of São Paulo*. Los Angeles: UCLA, 1993.

______. *Estudos freireanos*. Buenos Aires: Quirquincho, 1995.

TORRES, Rosa María. *Discurso e prática em educação popular*. Ijuí: Unijuí, 1988. 89 p.

TUCÍDEDES. *The history of the peloponnesian war*. Londres/Nova York: Ernest Rhys, 1940.

UNESCO. Refletion sur le dévelopment futur de l'éducation. *Perspectives*, órgão da Unesco, n. 49, 1991.

VALE, Ana Maria do. *Educação popular na escola pública*. São Paulo: Cortez, 1992.

WANDERLEY, Luiz Eduardo. Apontamentos sobre educação popular. In: VALLE, Edênio; QUEIROZ José J. (Orgs.). *A cultura do povo*. São Paulo: Cortez, 1985.